《유머가 이긴다》 개정판

초판 1쇄 발행 2017년 9월 11일
초판 5쇄 발행 2024년 3월 25일

지은이 신상훈
발행인 김우진

발행처 북샵일공칠
등록 2013년 11월 25일 제2013-000365호

주소 서울시 마포구 월드컵북로 402, 16
전화 02-6215-1245 **팩스** 02-6215-1246
전자우편 editor@thestoryhouse.kr

ISBN 979-11-88033-05-8 03320

누구를 만나도 내 편으로 만드는 **유머의 힘!**

Re유머가
이긴다

신상훈 지음

Book #107
책상일곱칠

일러두기

2010년 어린이 날, 세상에 나온 《유머가 이긴다》는 수십만 독자의 사랑을 받았습니다. 변화된 환경에 맞는 새로운 내용을 추가하여 이 책을 세상에 내놓습니다. 저자의 강의를 직접 듣는 생생한 느낌을 전달하기 위해 특유의 구어체와 약간의 비속어, 은어 등이 포함되었습니다. 다소 껄끄럽더라도 이해하시고 양해 부탁드립니다. 이런 걸 좋아하는 분들은 계속 읽어주시고, 이것이 싫다 하시는 분들은 더더욱 읽으셔야 합니다. 싫은 것도 좋아지게 만드는 유머의 힘을 느껴봐야 하니까요.

《유머가 이긴다》를 다시 시작하며

최근 '라라랜드'를 방문했다. 로스앤젤레스의 탐 브래들리 공항은 수년 동안이나 지루한 리모델링을 끝내고 완전히 탈바꿈하였다. 이제는 인천 공항보다 훨씬 세련되어 보이는 현대식 미래 공항처럼 바뀌었다. 그러나 국내선 터미널은 아직도 공사 중이다. 우리나라 같으면 1년 만에 해치웠을 공사를 10년 넘게 하는 걸 보면서 정말 답답했다. 그런데 공사 중인 좁은 복도를 이동하다가 이런 사인을 봤다.

RE LAX (리 랙스)

영어 단어 Relax(릴랙스, 휴식을 취하다. 마음의 안정을 가지다)를 활용해서 LAX(LA 공항의 표시 부호)가 다시 태어나는 중이니까 마음의 여유를 갖고 참아달라는 뜻이다. 중의법이랄까. 공사로 인한 짜증을 잠시 잊고 '피식' 웃었다.

그래서 《유머가 이긴다》의 개정판을 내면서 제목을 《RE 유머가 이긴다》로 정했다. RE가 '다시'라는 의미도 있지만, 읽는 소리에 따라서

'니 유머가 이긴다'로 들리기 때문이다. 아무리 유머가 현대인의 필수 요소라고 해도 '니'가 변하지 않으면 아무 소용이 없으니까. 이 책을 통해 '니'가 다시 확실히 바뀔 차례이다.

유머로 성공한 사람은 의외로 우리 주변에서 흔하게 만날 수 있다. 고속도로를 달리다가 휴게소에 차를 세웠다. 화장실로 가다가 군밤 파는 트럭을 봤는데, 저절로 발걸음이 멈춰졌다.

고요한 밤 – 3,000원

거룩한 밤 – 4,000원

어둠에 묻힌 밤 – 5,000원

사인이 재미있어서 거룩한 밤을 사 먹었다.

바람이 매서웠던 12월 어느 날, 압구정 거리에서 또 다른 군밤 트럭을 만났다. 거기에는 이런 사인이 붙어 있었다.

완전히 까진 군밤 – 5,000원

밤을 사먹으며 주인 아저씨에게 말을 건넸다.

"광고 문구를 한번 바꿔보세요. '발랑 까진 군밤'이라고요. 그러면 판매가 늘어날 걸요?"

주인은 눈도 마주치지 않고 나의 말을 완전히 쌩.깠다.

영하의 날씨에 거리에서 군밤을 판다는 것이 쉬운 일은 아니다. 시답잖은 농담에 맞장구칠 기분도 아니었을 것이다. 그러나 그런 태도로는 군밤 트럭에서 벗어날 수 없다. 똑같이 빈손으로 시작해서 똑같이 군밤을 팔아도 '유머'가 있느냐, 없느냐에 따라 미래가 달라진다. 유머는 힘이 있으니까, 상대방의 지갑을 여는 힘이!

그리고 유머는 수평적 사고로 만드는 가장 훌륭한 도구다. 최근 4차 산업혁명에 대한 이야기가 많이 나오는데, 가장 핵심은 가상의 세계와 현실 세계가 하나로 결합되면서 이전에 경험해보지 못한 일들을 겪게 된다는 것이다. 또한 현재 초등학생의 65퍼센트가 지금 존재하지 않는 직업을 갖게 될 것이라고 한다. 그럴 때 우리가 자녀들에게 가르쳐줘야 할 것은 새로움에 대한 두려움을 없애주는 일이다. 그리고 수직적 구조가 아닌 수평적 구조로 사고하여 창의적 아이디어를 갖게 해주는 것이다. 어떻게? 바로 유머에 답이 있다. 4차 산업혁명 시대에는 유머가 이기는 강력한 무기가 될 것이다.

2017년 여름
김포에서

목차

Part 01

유머가 가장 필요한 순간은?
지금 이 순간!

Chapter 01

위기의 순간
유머가 필요한 이유

—

2016년 12월, 한 통의 전화를 받았다.

"삼성 사장단 강의를 요청 드리고 싶습니다. 1월 중순에요."

"요즘 삼성이 유머 강의를 들을 때가 아닌 것 같은데, 상관없나요?"

나는 코미디 작가다.

영원히 코미디 작가로 살 줄 알았다. 영원히 사는 것은 불가능하기 때문에, 사는 동안만큼은 코미디 작가로 살고 싶었다. 그런데 평생 똑같은 직업으로 사는 것은 불가능하다. 나의 변덕 때문이 아니라, 시대가 그렇게 변한 것이다.

시대의 흐름대로 나는 10년 전, KBS TV <폭소클럽>을 끝으로 코미디 작가를 그만두었다. 한마디로 잘렸다. 그 후 놀고 있던 후배에게 점심을 사준다는 선배를 따라갔다가 한 대학의 이사장을 웃겨서 교수가 됐고, 세상을 일찍 떠난 개그맨의 땜빵으로 기업 강의를 시작했다. 그리고 우연히 커피를 마시며 농담을 나누던 출판사 사장과 냅킨 계약서로 책을 쓰게 됐고, 베스트셀러 작가까지 되어 인세로 아파트를 샀다. 지금은 시세가 1억 원이나 떨어진 아파트를 팔고 또 다른 베스트셀러를 꿈꾸고 있다. 그런데 꿈만 꿔야 할 것 같다.

요즘은 정말 책이 안 팔린다. 최근에는 초판만 팔아도 성공이란 말을 듣는다. 유통회사는 부도가 나고, 출판사들은 문을 닫고, 서점들은 점점 사라지고 있다. 이게 모두 스마트폰 때문이라고는 하지만, 정말 그럴까? 아니면 책을 읽지 않는 국민성 때문일까? 책을 읽지 않는 민족은 미래가 없다는데, 우리 민족은 이제 정말 끝인가? 그러고 보면 《유머가 이긴다》는 정말 쉽게 베스트셀러가 된 책이다. 책을 쓰려고 해서 쓴 것도 아니고, 삼성 SERI CEO 강의 원고를 모아서 냈던 책이다. 어쨌든 책은 불티나게 팔렸고, 강의는 물밀듯 쏟아져 들어왔다.

강의를 다니느라 하루에 동해, 서해, 남해를 다 본 적도 있다. 또 하루에 3번씩 비행기를 탄 적도 있다. 하루 5번까지 강의를 한 적도 있고, 스타들만 탄다는 택배 오토바이를 타고 강남에서 여의도까지 15분 만에 간 적도 있다. 그러나 진짜 5성급 스타강사들만 간다는 곳이 바로 삼성 사장단 강의다. 그곳에서 전화가 온 것이다.

"삼성 사장단 강의를 요청 드리고 싶습니다. 1월 중순에요."
"저, 저는 이미 5년 전에 했는데요."
"걱정하지 마세요. 그때 계셨던 분들 많지 않습니다."
사장단 강의를 두 번 한 사람도 많지 않을 것이다.

근엄해 보이는 사장도 웃을 수 있는 사람이다

삼성에서 사장단 강의를 요청했던 12월은 그야말로 격동의 시기였다. 이 책을 탈고하는 지금도 격동은 진행 중이다. 당시 그룹의 최고위층이 청문회에 불려나가고, 부회장과 사장들이 구속되느냐 마느냐 하는 뉴스가 나오던 시기였다. 이런 때에 과연 유머 강의가 가능할까?

"걱정하지 마세요. 그래서 강의를 설 연휴 전 수요일로 잡았습니다. 사장들도 기분이 우울할 텐데, 한번 크게 웃고 설 연휴를 보내면 좋지 않겠습니까?"

나야 좋지요. 강의가 있는 수요일 저녁에 미국 가는 비행기를 예약해두었다. 4년제 대학을 7년째 다니는 아들을 만나러 가기로 했는데, 두둑한 보너스를 들고 갈 수 있으니 얼마나 좋은가.

삼성 사장단 강의는 확실히 다르다. 우선 강의료를 현장에서 준다.

그러니까 현찰을 들고 바로 비행기를 타게 되니 얼마나 좋은 그림이란 말인가. 그리고 또 다른 점은 우리 집으로 좋은 자동차를 보내준다. 다른 회사들은 어디로 오라고 문자 메시지를 보내주는데….

그런데 강의 날짜가 다가오면서 점점 불안해지기 시작했다. 이재용 부회장의 구속이 점점 현실로 다가왔다. 그가 구속되면 당연히 강의는 취소다. 난 진심으로 기도했다.

'제발 구속되지 않게 해주세요.'

나에게 돌을 던져도 좋다. 나도 솔직히 이번에는 구속될 줄 알았고, 구속되는 것이 경제 정의 실현을 위해 좋은 일이라고 생각했다. 그러나 나와 내 가족이 웃으려면 기도가 간절히 필요했다.

'제발 구속되지 않게 해주세요. 꼭 하시려거든 강의 후에….

난 내 기도 빨이 그렇게 좋은지 몰랐다. 그는 구속되지 않았고, 나는 강의를 할 수 있었다.

강의 제목은 '수평적 사고를 활용한 소통의 기술'이었다.

사장들은 그날 크게 웃었다. 담당자 말로는 사장단 회의에서 이렇게 큰 웃음이 나온 적은 없었다고 했다. 아마도 담당자가 5년 전에 그 자리에 없었나 보다. 위기의 순간이었을 그때에 그분들이 그렇게 웃는 모습을 보면서 삼성이 왜 일류기업인지 조금은 이해가 됐다. 이렇게 말하면 너무 오글거리나? 어쨌든 강의 중에 나는 이런 말을 했다.

"제가 마라톤에 도전했다면 믿으시겠어요? 처음 참가한 마라톤 대회에서 저는 선두, 중간, 후미 중 어디에 속했을까요? 네, 마지막이죠. 그러다 보니까 자꾸 뒤를 돌아보게 되더라고요. '내가 꼴찐가?' 그런데 내 뒤로 뚱뚱한 사람이 뛰어오는 게 보였어요. 그래서 나도 모르게 웃음이 났죠. 그런데 그걸 그 뚱뚱한 사람이 봤나 봐요. 막 소리를 지르며 달려오더라고요. '야, 너 나보고 비웃었지? 너 꼴찌로 달리는 게 어떤 기분인지 맛보게 해줄게.' 그리고는 그 사람이 막 달려가더니… 기권했어요."

웃음이 터졌다. 이 조크가 웃기지 않는다면 삼성에 취직할 생각은 하지 마라. 사장이 될 생각은 꿈도 꾸지 마라. 왜냐고? 바로 이것이 수평적 사고를 키워주는 유머의 힘이니까. 이런 조크를 이해하지 못한다면 유머 감각이 없는 것이고, 그렇다면 수평적 사고는 물 건너간 것이다. 그렇다면 당신은 소통이 불가능할 것이다. 소통이 불가능한 사장은 이 세상에 존재할 수 없다.

사장이 되는 비결

나는 강의 중에 질문하는 걸 좋아한다. 질문과 대답이 없으면 정답도 해답도 없다. 그냥 답답할 뿐이다.

사장단 강의 중에 이런 질문을 했다.

"회사의 임원이 되는 건 1,000명 중 7명 정도라고 하는데, 여러분은 그중에서도 사장님이 되셨으니 정말 대단하십니다. 제가 직원들에게 강의할 때 참고할 수 있도록 사장이 되는 비결을 좀 알려주세요."

그러자 가장 왼쪽 앞에 앉으셨던 분이 이렇게 대답하셨다.

"○○이지."

강의실에는 또 한 번 큰 웃음이 터졌다. 과연 ○○에 들어갈 정답은 무엇일까? 잠시 책을 놓고 생각해보라.

.

.

.

생각하라는데 왜 자꾸 아래를 보는가? 쉽게 답을 찾으려고 하니까 답을 찾는 능력이 떨어지는 것이다. 신중하게 생각해보라.

.

.

.

힌트를 주겠다. 두 글자, 베트남에서 온 단어다. 그래도 생각이 안 난다면 할 수 없다. 50대 이상이 아니면 모르는 단어일 수도 있다.

정답은 '짜웅'이다.

이 단어가 우리나라에 전해진 것은 '월남 파병' 때였다. 1964년부터 1973년까지 우리나라는 베트남에 군대를 보냈다. 5,099명의 사상자가 생겼지만, 반대급부로 경제적인 효과를 얻었다. 그러나 박정희 대통령 때문에 우리나라가 잘살게 됐다고 외치는 분들에게 한 번쯤은 파병되어 고생하신 분들도 생각해보라고 말하고 싶다.

최근에 파병 군인들에게 돌아갈 목숨 수당을 박정희 대통령이 빼돌렸다는 소리가 들리던데…. 베트남전 고엽제 피해자들은 박정희의 딸을 위해 태극기를 흔들 게 아니라, 자신들이 정당하게 받아야 할 수당을 내놓으라고 요구해야 할 것이다.

다시 '짜웅'으로 돌아가서…. 파병 당시에 한국군 부대를 들락거리며 떡고물을 챙기던 월남 사람들이 있었다. 정문을 통과하며 한국 군인에게 이렇게 인사를 했다.

"짜오."

그러면 군인들은 그 모습을 보며 '저놈 또 짜오하러 왔구나'라고 생각했다고 한다. 이 '짜오'가 '짜웅'이 되었고, '짜웅'이란 말은 '뇌물을 주다'라는 뜻이 되었다. 그리고 그 의미가 더 넓어져서 '윗사람에게 잘 보이다'는 의미로 자리 잡게 된 것이다. 그러니까 승진하는 길은 윗사람에게 잘 보여야 한다는 뜻이다.

나도 인터넷 강의를 할 때 비슷한 말을 한 적이 있다.

"취직은 실력이지만 승진은 아부다."

아부를 부정적으로만 보지 마라. 솔직히 아부하고 짜웅하면 싫어할 사람이 어디 있겠는가. 당신을 웃게 만드는 그 사람을 당신도 좋아할 것이다. 남을 웃게 하는 것, 그것이 바로 성공으로 가는 지름길이다.

"다시 한번 모시겠습니다."

강의를 끝내고 나오는 길에 담당 부사장에게 들은 말이다. 기념품으로 '최신 스마트폰'도 차에 넣어줬다. 나를 웃게 만들었다. 내가 회장이라면 당장 그 부사장을 사장으로 승진시켰을 것이다.

그러나 나의 세 번째 삼성 사장단 강의는 무산되었다. 사장단이 해체되었기 때문이다. 부회장을 빨리 웃게 만들라. 부회장이 다시 회사로 복귀하면 사장단은 다시 부활할 것이다.

유머가 핵심은 아니지만 윤활유는 된다

미국 코넬대학 MBA 과정에서 졸업생들이 뽑은 최고의 교수로 한국인 박영훈 교수가 선정되었다. 박 교수는 전남 장흥의 작은 지물포를 하는 부모 밑에서 어렵게 성장했고, 27살이란 늦은 나이에 유학을 갔다. 네이티브 스피커도 아니어서 발음도 정확하지 않았을 텐데, 어떻게 최우수 강의상을 받았을까? 학생들의 평가를 보자.

"He is the most passionate teacher i have ever had(그는 내가 배워 본 선생님 중에 가장 열정적인 분이다)."

"His sense of humor and energy in the classroom make every class very special(그의 에너지와 유머 감각은 모든 수업을 특별한 것으로 만들었다)."

여기서 우리가 주목할 점이 있다. 그를 최고의 교수로 만든 것은 열정과 에너지 그리고 유머 감각이라는 것이다. 우리나라 사람들의 열정과 에너지는 차고 넘친다. 2002년 붉은 악마에 세계인은 놀랐고, 수백만 명의 촛불과 이에 질세라 몰려나온 태극기에 기절초풍할 정도였다. 성조기까지 들고 나온 장면을 보고 미국 사람들도 놀랐다.

"오 마이 갓~."

기업의 CEO도 열정과 에너지가 넘쳐난다. 그러나 유머 감각에서 우리는 글로벌 스탠더드에 뒤처져 있다. 그래서 당신이 글로벌 리더로 성장하지 못한 것이다. UN 사무총장을 배출하면 뭐하겠는가, 만 원짜리 두 장 때문에 청와대로 가는 티켓을 사지 못했는데…. 이런 순간에도 유머를 활용했더라면 하는 아쉬움이 있다.

"만 원짜리 두 장 넣으면 표가 두 장 나오는 줄 알았죠. 제가 시차적응이 안 돼서 그랬어요."

2008년, 헤지펀드 회사의 CEO인 가이 스피어Guy Spier는 워런 버핏과의 점심식사를 위해 65만 달러를 지불했다. 이 돈은 모두 불우이웃을 돕는 기금으로 사용되었다. 음식이 나오자 77세의 워런 버핏은 가이 스피어의 두 딸에게 이렇게 말했다.

"난 5살 이전에는 손에 닿는 건 뭐든지 먹어치웠지."

별로 안 웃기나? 하지만 그 테이블에 있던 사람들은 크게 웃었다고 한다. 이렇게 뛰어난 CEO들은 유머로 분위기를 리드한다.

고 정주영 회장에게도 유명한 일화가 있다.

정주영 회장은 조선소를 세우기 위해 돈을 빌리러 영국까지 날아가 버클레이 부총재를 만났다. 부총재는 정 회장에게 물었다.

"당신 전공이 뭡니까?"

그러나 소학교 출신의 정회장은 바로 대답하지 못했다.

"전공이 뭐냐고 물었습니다. 기계공학? 아니면 경영학?"

잠시 후 정 회장은 태연하게 대답했다.

"음, 사업 계획서는 읽어보셨죠? 내 전공은 바로 그 현대조선 사업 계획서요."

모든 참석자가 한바탕 웃음을 터뜨렸고, 거북선이 그려진 500원 지폐를 보여주며 수주했다는 일화도 잘 알려져 있다. 그 후 2년 3개월 동안 조선소를 지으며, 동시에 배를 건조하는 창의적인 발상을 했다.

그런데 잘 알려지지 않은 사실이 있다. 제대로 된 도면도 없이 무리하게 짧은 기일에 맞추려다 보니 수십 명의 사망자와 부상자가 생겼다. 노동자들을 위한 의료시설은 거의 전무했다. 지금도 조선업계는 안전재해가 많은 곳으로 유명하다. 목표 달성을 위해서는 어쩔 수 없는 선택이라고 말할 수 있지만, 그렇게 죽어나간 사람 중에 당신의 가족이 있다고 생각해보라.

정주영 회장의 신화가 나를 웃게 하는가? 진정한 유머를 지닌 리더였다면 거래처 사장만 웃길 게 아니라 자신의 가족, 직원, 국민들도 함께 웃게 만들어야 했다. 우리는 빨리 달려오며 잃어버린 것들이 너무나 많다. 그렇게 정신없이 달려와서 대통령을 다시 박 씨로 뽑아놓고 얼마나 큰 국가적 재앙을 겪었는가?

박근혜, 최순실, 우병우, 김기춘 등이 만들어놓은 국정농단 사태도 알고 보면 몇몇 사람이 자기들끼리만 웃으려고 일을 꾸민 탓이다. 말馬로 한 사람만 웃기려다 망하지 말고, 말ᇣ로 온 국민을 웃기려고 했다면 철창에 갇히는 신세는 면했을 것이다. 유머가 성공의 핵심이라고 주장하는 것은 아니다. 일을 잘 굴러가게 만드는 윤활유 역할을 한다는 뜻이다. 특히 유머는 위기의 순간에 빛을 발한다.

1984년 미국 대선에서 먼데일 후보는 경쟁자인 레이건 대통령의 나이를 물고 늘어졌다. 사실 첫 번째 TV 토론에서는 먼데일이 앞서갔다. 상대적으로 레이건은 늙고 피곤해 보였기 때문이다. 두 번째 TV 토론에서 먼데일은 쐐기를 박으려고 또 나이 문제를 꺼내들었다.

"대통령의 나이가 좀 많다고 생각하지 않으십니까?"

"저는 이번 선거에서 나이를 이슈로 삼지 않겠습니다. 상대 후보의 젊고 경험 없음을 정치적으로 이용하지 않겠다는 뜻입니다."

미국 전체가 웃음바다가 됐고, 레이건의 지지도는 급상승했다.

유머가 필요한 가장 큰 이유는 '창의성' 때문이다. 창의력 분야의 세계적인 권위자 에드워드 드 보노 박사는 이렇게 말했다.

"유머는 인간 두뇌 활동 중 가장 탁월한 활동이다."

그러니까 유머 있는 사람, 재미있는 사람이 창조적이며 업무 효율성도 높다는 뜻이다.

코넬대학의 박영훈 교수가 밝히는 성공 비결을 한번 되새겨보자.

"직접 해보면 이해할 수 있고, 즐기면 응용하게 된다."

이제부터 유머를 우습게만 보지 말고 직접 실천해보라. 그러면 이해할 수 있다. 유머는 반복, 도전, 창의, 행복과 같은 의미이니까.

유머 성공 전략!

타이밍도 준비된 연습이다

유머러스한 사람들의 특징은 순발력이 뛰어나다는 것이다. 한마디로 타이밍을 잘 맞추기 때문에 박자가 딱딱 맞는다. 적절한 순간에 적절한 애드립으로 좌중을 휘어잡는다. 그런데 여기서 애드립에 관한 중요한 비밀 하나를 공개하자면…. 애드립은 없다, 타이밍만 있을 뿐이다!

라스베이거스의 알라딘 호텔에서 <브이 쇼 V SHOW>를 봤다. 코미디언이 객석 사이를 돌아다니며 즉흥적인 애드립으로 웃기는 쇼였다. 그 쇼가 너무 재미있어서 1년 후 다시 보러 갔다. 그런데 똑같은 장소에서, 똑같은 코미디언이, 똑같은 애드립으로, 똑같이 웃기고 있었다. 달라진 게 있다면 관객뿐이었다. 사실 나처럼 두 번씩 보는 관객은 별로 없을 테니까, 코미디언이 똑같은 조크를 반복해서 한다고 해도 문제될 것은 없었다.

당신도 이 비밀을 활용하라. 조크나 애드립을 몇 개 준비해두고 적절한 타이밍에 사용하면 최고의 유머리스트가 될 수 있다! 단, 똑같은 조크를 똑같은 상대에서 사용하는 실수만 조심하라.

Chapter 02

마음을 열어야
지갑도 열린다

—

미국의 한 소도시에 대형 할인마트가 오픈했다. 그것도 그곳에서 40년째 장사를 하고 있는 스미스 씨의 가게 바로 오른쪽에 말이다. 그리고 건물 외벽에 커다란 플래카드를 붙였다.

'최저의 가격'

이후 스미스 씨 가게의 매출은 30퍼센트나 줄었다. 그런데 몇 주 후, 이건 또 무슨 일인가? 이번에는 또 다른 대형마트가 왼쪽에 들어서면서 이런 플래카드를 붙였다.

'최고의 품질'

그러자 매출은 또 30퍼센트가 줄었다. 완전히 고래 사이에 낀 새우가 된 셈이었다. 고심 끝에 스미스 씨는 자신의 상점에도 플래카드를 붙였다. 그러자 매출이 급증하는 놀라운 일이 벌어졌다. 과연 어떤 플래카드였을까? 폐업세일? 사장이 미쳤어요? 가게 팝니다? 정답은 이거다.

'출입구'

미국에서는 월마트가 진출하면 주변의 작은 가게들은 전부 망한다. 우리나라도 유통 대기업들이 SSMSuper Super Market이란 이름으로 기업형 슈퍼마켓 시장에 뛰어들었다. 대형 마트가 들어서면 근처의 시장이나 소형가게들은 모두 문을 닫아야 할 지경이다.

그나마 프랜차이즈는 어느 정도 매출이 나오지만, 본사의 갑질 때문에 프랜차이즈 사장들도 전전긍긍하고 있다. 자본주의 사회에서 경쟁은 당연한 것 아니냐고 대기업은 말할 것이다. 하지만 전 재산을 쏟아붓고, 온 가족이 매달려서 작은 가게를 운영하는 소상공인들의 입장에서 보면 골리앗과 다윗의 싸움처럼 느껴질 수밖에 없다.

하지만 이런 상황을 골리앗과 다윗의 싸움으로 비유하는 것은 적절하지 못하다. 그 싸움에서는 어리고 연약한 다윗이 힘센 골리앗을 이기니까. 그럼 토끼와 거북이의 경주에 비교해보자. 아, 이것도 적절하지 못하다. 토끼가 낮잠을 자는 건 한 번이면 족하니까.

그럼 뭐에 비유해야 하나? 무엇에 비유하건 간에 너무 좌절하지는 말자. 꼭 힘 있는 사람이 이기는 건 아니니까. 인생이란 드라마에는 반전이란 흥미진진한 요소가 있으니까, 역전의 기회는 얼마든지 있다. 스미스 씨처럼 말이다. 그래서 인생을 살아볼 만한 것이라고 예찬하는 것이다.

다시 한 번 강조하자면, 스미스 씨처럼 위기의 순간에도 유머 감각을 잃지 않는다면 살아남을 수 있다. 왜? 세상을 움직이는 건 사람이고, 사람을 움직이는 건 마음이고, 그 마음을 움직이는 건 바로 유머다. 하늘이 무너져도 솟아날 구멍은 있다. 그 구멍을 뚫어주는 것이 바로 유머이다.

웃길 수 있다면 팔 수 있다

불황이다. 절대 망할 것 같지 않던 해운회사가 문을 닫고 건설회사가 주저앉았다. 더 큰 회사나 재벌들도 무너질 날이 멀지 않았다. 그러나 불황이 아니어도 망하는 회사는 항상 존재했다.

통계적으로 10개의 회사가 설립된 후, 1년을 넘기는 곳은 한 곳이라고 한다. 1년을 살아남은 회사도 10년을 넘길 확률은 10퍼센트라고 한다. 그러니까 100개의 회사가 창업을 하면 10년을 넘기는 곳은 딱 한 곳이란 뜻이다. 그래서 100년 기업은 참으로 대단한 것이다.

불황이 아니어도 이 정도인데, 불황이라서 망했다는 것은 핑계에 불과하다. 승승장구하는 회사를 보면 오히려 불황을 극복하고 불경기에 급성장한 경우를 볼 수 있다. 어려운 시절에 단련이 되어 체질적으로 튼튼해진 것이다. 지난 IMF 때 시련을 겪으며 회사의 경영구조를 튼튼하게 만든 기업들은 그 후 경제 불황에도 당당히 맞서는 것을 볼 수 있다.

일본의 10년 침체기에 10배 성장을 이뤄낸 '일본전산'은 1971년 단 3대의 비행기로 시작했으나 오일쇼크를 견뎌내며 성장해 지금은 수익률이 가장 좋은 항공사가 된 '사우스웨스트 에어라인Southwest Airline', 그들에게 불경기는 단련의 시기였다.

회사의 존재 목적은 이윤 추구다. 직원들의 생계를 책임지고, 사회에 이익을 환원하려 하는데 실질적인 수입이 없다면 회사의 존재는 불가능한 일이다. 수입은 매출에 의해 결정된다. 그렇다면 매출과 직접적인 관련이 있는 단어는 무엇일까?

품질? 기술? 서비스? 가격? 내 생각으로는 바로 'YOU(유)', 이 책을 읽고 있는 당신이다. 당신 회사의 매출을 높이려면 당신을 먼저 팔아야 한다. 의외로 간단한 이 사실을 사람들은 잊고 있다. 말단 사원부터 CEO까지 모두에게 해당되는 말인데도, 너무 간단하고 당연하니까 잊어버리는 것이다.

"치료는 잘하는데… 저 의사가 맘에 안 들어!"

이런 병원에 다시 가고 싶겠는가?

"음식 맛은 죽여주는데… 식당 주인이 불친철하단 말이야!"

이런 식당은 절대 맛집이 될 수 없다. 요즘은 대기업의 CEO들도 자신을 먼저 팔아야 한다. 자, 그럼 어떻게 나를 팔 수 있을까?

미국 유학 시절 첫 차를 살 때의 일이다. 자동차 딜러의 책상에 붙어 있던 문구가 지금도 머릿속에서 지워지질 않는다.

"If you can make them laugh, you can make them buy(웃길 수 있다면, 팔 수 있다)!"

그렇다! 유머로 상대의 마음을 열어야 지갑이 열린다. 그뿐만이 아니다. 미인들은 웃기는 남자를 좋아한다. 개그맨의 신붓감을 보라, 전부 미인이다. 가끔 성형미인도 있지만….

왜 여자들은 재미있는 남자를 좋아할까? 마음을 편하게 열어주기 때문이다. 그래서 유머 감각이 있는 남자에게 자석처럼 끌리는 것이다. 마음이 열려야 손도 잡아주고, 팔도 열려야 포옹도 해주는 법이다. 즉 열려야 사고Buy, 열려야 산다Live!

품질이 좋으면 상품 1개를 팔 수 있고, 친절하게 설명해주면 상품 2개를 팔 수 있고, 재미있게 설명하면 상품을 박스째로 팔 수 있다는 사실을 기억하자.

이제 유머는 새로운 형태의 '권위'다

한 강의에서 만난 자동차 그룹 구매 담당자가 이런 이야기를 해줬다. 협력업체를 선정할 때 예전에는 재무제표를 가장 먼저 봤는데, 지금은 무엇보다 CEO의 얼굴을 먼저 살핀다고 한다. 회사의 재무상태가 CEO의 얼굴에서 더 정확하게 나오기 때문이다.

특히 중소기업은 CEO의 건강 상태가 무척 중요한데 건강진단서를 보자고 할 수는 없으니, 먼저 얼굴을 살핀다는 것이다. 그러니 매출을 위해서라도 이제 CEO는 유머로 무장해야 한다. 웃고 있는 얼굴이 가장 건강해 보이기 때문이다.

사실 2000년 이후로 주목받는 CEO들은 스마트한 인상에 유머 감각이 뛰어난 스타일이 많다. 호통치고 윽박지르던 윗세대 경영자들과 달리, 이들은 유머가 직원들의 적극적인 동참을 끌어내는 유용한 수단이라는 것을 잘 알고 있다. 또한 정치인들이 유머 한마디로 정적들을 궁지에 몰아넣는 광경을 지켜본 세대이기도 하다. 그래서 더더욱 유머 감각과 인간적인 매력으로 똘똘 뭉친 젊은 CEO들이 울트라 초특급 흡인력을 발휘하는 것이다.

실제로 삼성경제연구소가 CEO들을 상대로 '좋은 CEO가 되기 위한 자질'에 대해 설문조사 결과, 1위가 '인간관계 능력'이었다. 미국의 경제잡지 <포춘Fortune>이 선정한 500대 기업 CEO를 대상으로 한 조사 결과 역시 1위는 '총체적인 인간됨', 2위는 '커뮤니케이션 능력'이었다. 그러니 제6의 감각 '유머'는 21세기형 리더들에게 꼭 필요한 덕목이자, 새로운 형태의 '권위'라고 할 수 있다.

이것은 비단 CEO뿐만 아니다. 조직 내의 모든 인간관계에서 똑같이 적용되는 얘기다. 세계 1위 헤드헌팅 그룹인 미국 '로버트해프인터내셔

널'의 설문조사 결과, 응답자의 절대 다수인 97퍼센트가 전문성을 갖췄더라도 직원들에게 웃음을 주는 상사를 더 잘 따르는 경향이 있다고 말했다.

취업과 구직에서도 마찬가지다. 실제로 삼성경제연구소가 발표한 보고서에 따르면 '유머가 풍부한 사람을 우선적으로 채용하고 싶다'는 항목에 대해서 설문참여자 631명 중 50.9퍼센트가 '그렇다', 26.5퍼센트가 '매우 그렇다'고 답해 유머가 채용 여부에 긍정적 영향을 미친다는 대답의 비중이 77.4퍼센트에 달했다. 어떤가? 이만하면 '네 이웃을 네 몸같이 웃겨야 할' 이유가 충분하지 않은가?

자동차 부속품 중에 모터의 축을 만드는 신한정밀에 다녀왔다. 아침에 기차 안에서 만난 무례한 승객 때문에 약간 열 받아 있는 상태로 유성에 있는 회사에 도착했다. 그런데 회사 대표가 입구에서 기다렸다가 차 문을 열어주는 것이 아닌가! 이런 경우는 거의 없다. 경비가 문 앞에서 가로 막으며 어떻게 왔느냐고 따지듯이 묻는 회사는 있어도, 이렇게 문 앞에서부터 회사의 대표가 반겨주는 곳은 거의 없었다. 어쨌든 기분 좋게 사무실로 갔다. 그러더니 이런 말을 했다.

"교수님, 우리나라 역사 속에 세 번의 큰 대란이 있었는데 뭔지 아시죠? 임진왜란, 6·25동란, 그리고 김영란."

웃음이 한 번 지나고 난 뒤 이렇게 말했다.

"김영란법 저촉 대상이신가요?"

"아니요. 원래는 교수여서 대상자였는데 지난 학기에 그만뒀어요."

"정말 다행이네요. 저희가 두 가지 선물을 준비했거든요."

하면서 몽블랑 펜을 꺼내놓았다.

내가 김영란법 저촉 대상이어서 모나미 볼펜을 선물로 받았더라도 이런 유머러스한 사장과의 만남은 기분 좋은 추억으로 남았을 것이다. 큰아버님에게 물려받은 회사의 젊은 CEO이고, 벨보이처럼 나의 차문을 열어주었지만 가장 권위가 느껴지는 분으로 기억된다.

비즈니스에 '기름칠'을 하고 싶은가

최고경영자 과정에서 만나는 CEO에게 자주 듣는 질문 중 하나!

"유머가 좋은 건 알겠는데…. 진짜로 유머 경영이 매출에 영향을 주나요?"

회사 경영자들의 특징은 남의 말을 잘 믿지 못한다는 것이다. 그건 CEO뿐만 아니라 일반인도 마찬가지다. 그러나 CEO의 또 다른 특징은 '확신'만 준다면 금방 자신의 생각을 바꾸고 실천한다는 것이다. 이런 유연성이 그들을 CEO의 자리로 인도한 것 같다. 일반인들은 아무리 설명해도 절대 자신의 생각을 바꾸려 하지 않는다. CEO를 가장 빠르게 설득하는 방법은 실제 사례를 보여주는 것이다. 유머가 회사 매출을 끌어올린 많은 사례 중에 극히 일부분만 소개해보겠다.

유머 사례 1. 오스카상 시상식의 최대 수혜자는 화이자

1998년 오스카상 시상식에서 여배우 크리스틴 라티가 자신의 이름이 호명되었는데 화장실에서 나오지 못하는 해프닝이 벌어졌다. 그러자 지사제 '카오펙테이트'를 생산하던 화이자Pfizer는 오스카상 후보들에게 무사히 행사를 마치길 바란다는 편지와 함께 '카오펙테이트'를 선물했다. 그해 오스카상 시상식의 최대 수혜자는 배우가 아니라, 화이자였다.

유머 사례 2. 변기 물을 한 컵 떠 마셔보니

미국의 한 홈쇼핑 방송 중 트리플 클릭스Triple Clicks사의 변기 세척제를 팔던 쇼호스트가 이 제품은 세균과 곰팡이를 박멸하는 것은 물론이고, 환경오염도 전혀 없다고 말하면서 갑자기 변기 물을 한 컵 떠 마셨다. 엉뚱하기도 하고 우스꽝스럽기도 하고, 한편으로는 안쓰럽기도 하고 메스껍기도 한 장면이었다. 하지만 그 상품은 순식간에 5,100개나 팔려나가는 놀라운 일이 벌어졌다.

유머 사례 3. 독신자를 위한 애완견 데리고 달리기 대회

애완동물을 위한 대형마트 펫코Petco에서는 밸런타인데이 때마다 쓸쓸한 독신자들을 위한 '애완견 데리고 달리기' 대회를 개최한다. 보기에도 웃긴 이 대회는 해마다 참가자가 늘고 있는데, 외로움을 웃음으로 전환한 이벤트라고 할 수 있다. 또 할로윈에는 강아지 의상 콘테스트를 펼쳐서 1등에게는 1년 치 개밥을 주고 있다.

유머 사례 4. 야구장을 뜨겁게 달군 키스 콘테스트

야구장은 야구 팬들만 오는 곳이다? 아니다. 화이트삭스 구단은 관중 수가 감소하자 다시 관중을 끌어모으기 위해 재미있는 이벤트에 대해 고민했다. 하지만 야구를 재미있게 하려고 선수들이 몸 개그를 할 수도 없고…. 그래서 생각해낸 것이 '낭만의 밤'이란 키스 콘테스트였고, 반응은 폭발적이었다. 이 키스타임 때문에 야구장을 찾는 연인들도 늘었다. 현재는 국내 구단들도 활용하고 있다.

유머 사례 5. 시간이 돈이라면 돈으로 시간을 사라

생명보험업계의 전설로 불리는 벤 펠드먼은 매우 만나기 어려운 사장을 찾아갔을 때 이렇게 한다. 비서에게 100달러짜리 지폐를 건네며 "사장님에게는 시간이 돈이라는 걸 잘 압니다. 죄송하지만 이걸 사장님께 전해드리고 5분만 시간을 내주시면 안 되겠느냐고 여쭤봐 주시겠습니까? 안 된다고 하시면 비서께서 가지세요."

이 방법은 한 번도 실패한 적이 없다고 한다.

그 외에도 시카고의 앤아버은행은 미시간 풋볼팀이 콜로라도를 이겼을 때 연간 예금 금리를 0.25퍼센트 높여주겠다고 약속했다. 그러자 6주 만에 예금액이 300만 달러나 늘었다. 또한 차고 출입문을 만드는 '거라지 도어 컴퍼니Garage door company'는 매년 '가장 더럽고 지저분한 차고 문 콘테스트'를 열어서 1등으로 뽑힌 사람에게는 부상으로 차고 문을 선물한다.

선메이드 건포도 가공회사는 매출이 떨어지자 포도 알갱이들이 우스꽝스럽게 춤추는 모습을 광고로 내보냈다. 그러자 매출이 20퍼센트 증가했고, 현재 이 회사는 건포도 매출 수입보다 로고의 저작권을 통해 더 많은 돈을 벌어들이고 있다.

이처럼 건포도가 웃겨도 반응이 좋은데, 경영자가 웃기면 얼마나 좋은 일이 생기겠는가? 특히 CEO는 비행기의 기장과 같아서 비행기가 뜰 때보다 추락할 때 더 필요한 존재다. 모두가 어렵다고 말할 때 사장이 웃으면서 용기를 준다면 직원들은 신뢰를 갖고 따라온다.

제품을 팔기 전에 웃음을 팔자. 유머는 심각한 위기와 불황의 얼음도 녹이는 따스한 봄볕이다.

보너스! 유머는 매출뿐 아니라 직원들도 사기도 높여준다.

한 치과에 붙은 사인이다.

"비명을 지르는 건 자유지만 도망간 환자의 치료비는 대신 지불해야 합니다."

그리고 이런 사인을 붙인 카페도 보았다.

"반말로 주문하심, 반말로 주문받음"

나는 같이 일하고 싶은 직원인가

상대방의 마음을 사로잡는 다섯 가지 비밀을 완전히 숙지하고 실천한다면 어떤 상황에서도 인기를 끌 수 있다. 당신이 직장의 대표나 임원이라면, 과연 직원들이 당신과 일하는 것을 좋아할까? 잘 웃어준다면 함께 일하고 싶어 할 것이다. 그리고 하나를 더 잘해야 한다. 바로 일 잘하는 능력이다. '성격은 좋은데 능력 없는 임원'과 '성격은 돌아이지만 능력 있는 임원' 중에 어떤 사람과 일하고 싶은가? 아직 우리 사회에는 후자가 많다. 줄을 잘 서야 하니까. 에휴~ 이래서 임원되기가 어려운가 보다. 능력도 있어야 하고, 사람 좋게 웃어주기도 해야 하고…. 이 책을 통해 일 잘하는 능력을 높여줄 수는 없겠지만, 인기 있는 사람이 되는 비밀 다섯 가지는 알려줄 수 있으니 꼭 실천하기 바란다.

　첫째, 눈으로 웃어주라.

　둘째, 입으로 칭찬하라.

　셋째, 고개 숙여 감사하라.

　넷째, 항상 배려를 하라.

　다섯째, 먼저 리드하라.

이 다섯 가지로 사랑을 듬뿍 받는 사람이 될 수 있다.

Chapter 03

1퍼센트의 유머 감각이
조직을 살린다

—

우리는 하루에 얼마나 자주 웃을까? 2008년 10월에 SK 브랜드 관리실이 재미있는 설문조사를 했다. 20~50세의 남녀 500명을 대상으로 '웃음에 관한 라이프스타일'을 조사했더니 하루 평균 10회 웃고, 한 번 웃을 때 8.6초 웃는다는 결과가 나왔다. 한국인의 웃음은 하루에 겨우 '90초'라는 의미다. 평균수명을 80년이라고 가정하면 평생에 30일 만 웃는다는 얘기다. 그나마 500명 중 9명(1.8퍼센트)은 "하루에 한 번도 웃지 않는다"고 답했다.

반면 걱정하고 근심하는 시간은 하루 평균 3시간 6분으로 나타났다. 평균수명을 80년으로 환산하니 일생 동안 10년은 근심을 하며 살아간 다는 얘기다. 성별로 보면 여성(3시간 30분)이 남성(2시간 30분)보다 1시간이나 더 오래 근심했고, 연령별로는 20대(3시간 15분)가 30대(3시간 7분)와 40대(2시간 50분)보다 걱정하는 시간이 더 많았다.

그러면 10년이 지난 지금 다시 이 조사를 한다면 결과는 어떻게 나올까? 오히려 결과가 나빠졌다. 자살자는 점점 늘어나, OECD 국가 중 자살률 1위다. 2003년 이후 이 타이틀을 굳건히 지키고 있다. 10만 명당 28.7명이 자살을 한다. 2위인 일본은 18.7명이니까 우리나라가 얼마나 자살문제가 심각한지 알 수 있다.

그러나 정부의 대책은 미미하다. 마포대교에 '밥은 먹었니?' 같은 사인을 붙여줄 뿐이다. 아이들은 '밥은 먹었어'라고 대답하며 한강으로 뛰어들고 있다. 어딘가에 '자살바위'가 있다는 소문도 들린다. 국가에서 해준 것이라고는 '다시 한번 생각하세요'라는 플래카드를 붙인 것뿐이다. 그런데 그 플래카드를 올라가는 길에 붙인 게 아니라 내려오는 길에 붙였다고 한다.

우리들의 심각한 고민은 점점 늘어나고 있다. 한 사람이 하루에 몇 가지 고민을 하는지 아는가? 무려 5만 개다. 우리 할머니는 항상 내게 이렇게 말씀하셨다.

"상훈아, 왜 그렇게 오만 가지 생각을 하냐?"

한 회사에서 유머 강의를 하는데, 처음부터 심각한 표정을 짓고 있는 사람이 있었다. 웃자고 온 자리에서도 심각한 표정의 사람들이 의외로 많다. 나는 맨 앞줄의 그 남자에게 물었다.

"혹시 집구석에 우환이 있으세요?"

사람들이 키득거리며 그 남자를 주목하기 시작했다.

"아마 저분은 평소에는 잘 웃는 분인데, 아내에게 방금 이런 문자를 받았을지도 모릅니다. '우리 그만 헤어져요.' 고민이 되니까 아무리 재미있는 얘기를 듣더라도 귀에 들어올 리가 없겠죠. 그러나 어쨌든 강의는 시작됐으니 고민은 잠시 접어두고 집중해보세요. 혹시 알아요? 강의가 끝나면 아내에게 문자가 다시 올지. '여보, 미안해. 아까 문자 잘못 보냈어. 딴 남자에게 보낼 건데….'"

한바탕 웃음이 터지고 모두 강의에 집중하기 시작했다. 이 책을 읽는 분들 중에도 고민이 많은 사람이 있을 것이다. 그 모든 고민을 싹~ 잊게 해주는 묘약이 바로 여기에 있다.

무슨 약이냐고? 일단 잡숴 봐.

걱정은 뚝! 성공으로 이끄는 묘약, 유머

주변을 둘러보면 온통 근심, 걱정, 고민, 스트레스가 팍팍 쌓이는 일뿐이다. 환율도 오르고, 기름 값도 오르고, 금 값도 오르고, 물가도 오르고…. 떨어지는 건 자식들 성적과 내가 산 주식뿐이다. 그래서 '무주식이 상팔자'라는 말까지 있지 않은가.

골목마다 편의점 천지라서 그런지 모든 게 1+1이다. 대통령을 뽑았더니 최순실이가 딸려왔다. 아마도 역사는 이 시대를 '순실의 시대'로 기록할 것이다. 하다못해 이제는 대통령까지 우리들에게 스트레스를 안겨주고 있다. 제발 19대 문 대통령은 문제를 싹 해결해주기를 간절히 빌어본다.

스트레스의 어원을 보면 라틴어의 'Strictus(스트릭투스)'라는 말에서 나왔다. 이 말은 '팽팽한tight', '좁은narrow'의 의미를 가지고 있다. 사고의 틀이 팽팽하고 좁아지니까 다른 건 생각이 나지 않는 것이다. 이럴 때 바로 유머가 필요하다. 유머는 웃음을 통해 긴장을 풀어주고, 막혔던 길을 뻥 뚫어주는 묘약이다.

중요한 약속에 늦었는데 설상가상으로 길까지 막힐 때가 있다. 돌아가려고 해도 고속도로라서 나갈 수도 없다. 이 순간 당신은 어떻게 하는가? 아침에 늦게 깨운 마누라를 원망하고, 도로를 이따위로 만든 도로공사를 원망하고, 차를 너무 많이 팔아먹은 자동차 회사를 원망하고, 남의 나라에 와서 내 앞을 막고 있는 벤츠와 아우디를 원망하며 머리를 쥐어뜯지 않는가? 하지만 그런다고 자동차의 속도가 빨라지는 것은 아니다. 오히려 심장만 빨리 뛰어 혈압만 올라갈 뿐이다. 나는 이런 경우 조용히 기도를 한다.

"신이시여! 약속시간에 늦으면 안 됩니다. 길을 주소서."

그리고 눈을 뜨면 길이 뻥~ 뚫려 있다. 이 길이 무슨 길일까?

신이 준 길, 갓God길이다.

눈물이 카타르시스를 통해 쓸데없는 감정을 배설시켜준다면, 웃음은 진공청소기처럼 머릿속을 맑고 깨끗하게 비워준다. 유머는 고민을 싹 지워주는 지우개다.

헤르만 에빙하우스의 망각곡선에 따르면 사람이 어떤 정보를 얻은 뒤 10분 후부터 망각은 시작된다고 한다. 1시간 후에는 정보의 50퍼센트, 하루 뒤에는 70퍼센트를 잊어버린다. 이런 얘기를 하면 사람들은 대개 아쉬워한다. 왜냐하면 사람들은 잊어버리는 것은 나쁜 것이고, 오래도록 기억하는 것이 좋은 것이라는 착각을 하기 때문이다. 하지만 과연 그럴까? 기억력이 너무 좋아도 불행하다.

한 남자가 술자리에서 이런 고민을 털어놓았다.

"아, 내가 말이야. 지난 주 금요일 밤 11시 35분 28초경 마누라랑 동침을 하다가 1분 18초 만에 끝낸 적이 있단 말이야. 오늘밤도 또 그럴까봐 집에 못 들어가겠어. 나 이거 참…."

생각하면 생각할수록 고민이 되고 걱정이 된다. 이렇게 고민만 하고 걱정만 하면 똑같은 실수를 반복하게 된다. 이런 순간에도 유머가 묘약이다. 침대에 들기 전에 이런 유머를 아내에게 해보라.

"여보, 역사 속에 숨겨진 비운의 왕이 있었다는 거 알아? 이름이 조루왕이었는데, 하루는 비원을 거닐다가 아리따운 무수리를 본 거야. 당신처럼 눈도 예쁘고, 입술도 앵두 같고…. 그래서 신하에게 말하길 '여봐라. 저 무수리를 오늘밤 당장 내 방으로… 내 방으로…. 아니다, 이제 됐다.'"

여기에 진정한 유머의 매력이 있다. 웃음을 통해 남편은 머릿속에 남아 있던 1분 18초의 고민이 사라진다. 아내는 그래도 조루왕보다는 내 남편이 낫다고 생각할 것이다.

웃음은 머릿속을 맑게 정리해주는 기능이 있다. 그래서 곧바로 다음 정보가 입력되어도 오래도록 기억에 남는다. 또한 고민거리가 있어도 그 자체를 웃음의 소재로 삼으면 웃음만 남고 고민은 사라진다.

루빈의 잔
당신은 무엇이 보이는가

이 그림에서 당신은 무엇이 먼저 보이는가? 술잔? 사람의 얼굴?

우리는 매순간 지각知覺을 하지만, 하나를 지각하면 이전의 지각은 사라진다. 자신이 처한 환경이나 사고에 따라서 술잔이, 혹은 얼굴이 먼저 보일 수는 있어도 두 가지를 한꺼번에 지각할 수는 없다.

이것을 통해 우리의 의식적 주의가 '선택적'이라는 사실을 알 수 있다. 이 책을 읽는 당신이 지금 의자에 앉아 있더라도 엉덩이와 의자가 서로 맞닿아 있다는 느낌을 의식하지 못했을 것이다.

그러나 이 문장을 읽는 순간, 당신은 엉덩이와 의자 사이의 압박감을 느끼게 된다. 책을 읽는 중에도 당신의 코는 계속해서 양쪽 눈 사이에 있었지만, 이 문장을 읽기 전까지는 의식하지 못했다. 하지만 이제는 자꾸만 코가 의식되어 책을 읽는 것이 불편할 것이다(죄송! 그러나 잠시 후면 사라지니까 걱정 마시길).

이처럼 우리는 매순간 한 가지를 선택적으로 지각한다. 그 순간만큼은 다른 것은 잊어버린다. 이런 실험을 해볼 수도 있다. 일명 '칵테일 파티 효과Cocktail Party Effect'라는 것인데, 여러 소리가 들리는 어지러운 파티장에서도 주의를 기울이는 무언가가 있다면, 그 소리만 들리게 된다는 것이다.

헤드셋을 착용하고 양쪽 귀로 각각 다른 소리를 듣는다고 상상해보라. 왼쪽 귀에 들리는 소리에 주의를 기울이면 오른쪽 귀에 들리는 소리를 지각할 수 없다. 기껏해야 당신은 어느 나라 말인지, 남자 목소리인지 여자 목소리인지 정도만 인식할 것이다.

고민과 웃음도 술잔과 얼굴, 양쪽 귀에 각각 들리는 소리와 같다. 고민만 생각하고 고민에만 집중하면 계속해서 고민스러운 생각만 떠오른다. 하지만 유머를 통해 많이 웃고, 많이 웃긴다면 웃고 있는 사이에 고민이 감쪽같이 사라지게 된다.

햄버거 체인점 버거킹에서 한 손님이 고래고래 소리 지르고 있었다.

"매니저 나오라고 해! 장사를 이따위로 해? 손님이 왕인 거 몰라?"

그러자 아르바이트생이 이렇게 말했다.

"손님, 저희는 버거가 왕인데요."

이런 조크를 듣고 웃는다면 방금 점 손님에게 잔소리를 들었던 아르바이트생이라도 스트레스가 사라질 것이다. 그래서 이런 말이 있는 것이다. "웃어넘기자!"

웃어넘기면 죽다가도 살아난다

1999년 아주 추운 겨울날, 한 남자가 포장마차에서 소주를 마시고 있었다. 뇌수술을 받은 그는 이혼까지 당한데다, 최근 다섯 차례나 큰 사건을 겪었다. 그래서 살고 싶은 마음이 사라졌다. 그 남자는 소주 두 병을 마시고, 천천히 한남대교로 걸어가 자살을 결심했다. 난간 위로 다리를 올리려던 찰나, 지나가던 한 중년남자가 이렇게 말했다.

"지금 뛰어내리면 얼어 죽어. 좀 기다렸다가 봄에 뛰어내려."

자살을 하려던 남자는 피식 웃었고, 난간에 걸쳤던 다리를 슬그머니 내렸다. 이 남자가 바로 한중엔터테인먼트의 진철호 대표다. 절박한 위기의 순간에도 웃음은 사람을 살리는 힘이 있다. 그래서 신은 우리에게 이렇게 말하나 보다.

"항상 기뻐하라, 쉬지 말고 기뻐하라, 범사에 기뻐하라."

극장 매출액이 꾸준한 증가세다. <택시 운전사> 같은 좋은 작품이 많아서가 아니다. 불경기란 뜻이다. 주머니가 가벼울 때 가장 손쉽게 여가를 즐길 수 있는 것이 영화니까.

1939년 대공황 때 미국인들은 극장에서 <오즈의 마법사>를 보며 웃었다. 암울했던 1980년대 초반, 우리나라 사람들은 고故 이주일 선생님을 보며 우울한 시대를 웃어넘겼다. 독재자와 비슷한 모습의 이주일 씨를 향해 웃음을 날리며, 스트레스를 풀었을 것이다.

웃음은 분명 우리에게 새로운 힘을 준다. 그런데 우리나라는 불경기, 정치적 격동기에 웃음마저 빼앗기고 거리로 내몰렸다. 한쪽은 촛불을 들고, 한쪽은 태극기를 들고. 진정한 리더라면 국민들에게 웃음을 줘야 하는데, 이상한 걸로 웃기고 있다. 길라임, 태반주사, 마늘주사, 비아그라, 돼지 발정제….

불황을 극복하려면 웃음이 필요하다. 우리나라의 리더들도 웃음으로 무장하여 지치고 힘든 국민들에게 웃음을 줘야 한다. 미국 전 대통령 오바마의 마지막 연설을 기억해보자. 끊임없이 쏟아지는 박수와 환호성에 연설을 시작할 수 없었다. 그러자 오바마는 "제발 자리에 앉아주세요. 이러니까 레임덕이란 말이 나오는 겁니다"라는 말로 웃음을 끌어내며 자리를 정돈했다.

정치, 경제, 사회 등 모든 면에서 웃어넘기는 여유가 있어야 위기를 극복할 힘이 생긴다. 유머로 시원하게 웃어넘겨 툴툴 털어 버리자. 비워야 채울 수 있다.

RE 유머가 이긴다

윗사람이 웃어야 아랫사람이 웃는다

우리나라 사람들은 자신의 감정을 잘 드러내지 않는다. 슬퍼도 슬픈 척하지 않고, 좋아도 좋은 척하지 않고, 웃겨도 웃음을 참는다. 왜? 가벼워 보이니까. 요즘은 많이 달라졌다고? 아니다. 지금 당장 지하철을 타 보면 무수한 무표정과 마주한다.

"왜 집안 분위기가 이렇게 칙칙한 거야?"

바로 '너' 때문에 그렇다. 아빠 엄마의 얼굴이 칙칙한데 아이들 얼굴이 밝아지겠는가? 가정이 밝아지려면 가장부터 웃어야 한다.

샌디에이고에 사는 후배의 실화다.

고등학생 때 개천절 날, 잠을 자려고 누웠는데 천장 한쪽이 무너져 있었다고 한다. 오래된 한옥이라서 구멍이 뚫린 거였다. 아버지가 '고쳐라, 고쳐라' 몇 번이나 말씀을 했던 터라 무척 화를 낼 줄 알고 조마조마했는데, "그냥 자고 내일 아침에 고치자" 이러셨단다.

그래도 가족들은 불안하게 누워서 천장을 바라봤는데 구멍이 뚫린 곳으로 밤하늘이 보였다고 한다. 그때 아버지의 한마디, "개천절 날 개천했구나."

가족들은 키득거리다가 집 안이 떠나갈 듯 웃었다고 한다. 그 사건 이후로 아버지와 자녀들은 더 가까워졌다.

학생들이 웃으려면 선생이 먼저 웃어야 한다. 일본의 국민작가로 1,000엔 화폐의 모델인 나쓰메 소세키가 대학에서 영문학을 가르칠 때의 일이다. 한참 강의를 하는데, 한 학생이 주머니에 손을 집어넣고 있더란다. 예의범절을 중시하던 그는 호통을 쳤다.

"이봐, 학생. 호주머니에서 손을 빼! 예의를 지켜야지!"

그러자 그 학생은 착 가라앉은 목소리로 이렇게 말했다.

"선생님, 저도 빼고 싶지만 손이 없습니다."

교실은 이내 차갑게 얼어붙었다.

"음, 그랬군. 나의 실수였네. 하지만 나 역시 없는 지혜를 짜내서 가르치는 척하고 있으니, 자네도 없는 손이라도 빼주는 척하게나."

그러자 우렁찬 박수와 함께 따뜻한 미소가 번졌다고 한다.

회사도 마찬가지다. 사장이 먼저 웃어야 직원들이 웃는다. 우리나라 사장들의 출신 대학교를 발표한 적이 있었다. 출세와 성공의 상징인 거시기 대학만 있을 줄 알았는데, 의외로 타 대학 출신도 많았다. 하버드 의과대학 신경정신과 교수인 조지 베일런트George Vaillant는 66년간 하버드를 졸업한 268명을 대상으로 학업 성적이 졸업 후 어떤 영향을 미쳤는가에 대한 연구를 했다.

"우리가 발견한 것은 대학의 점수가 인생에 전혀 영향을 끼치지 않는다는 점이다. 오히려 삶의 역경에 처했을 때 웃음으로 극복한 사람들이 가장 성공적인 삶을 살았다."

그러니까 리더의 출신 대학이나 스펙이 중요한 게 아니라 위기의 순간에 웃음으로 극복할 수 있느냐 없느냐 하는 것이 회사의 미래에 더 중요하다는 말이다.

일본전산의 3년 차 사원이었던 핫토리 세이치는 1980년에 영업한 핸드마사지 회사가 부도가 나는 바람에 7,000만 엔(약 7억 원)이나 회수할 수 없었다. 이로 인해 회사가 부도의 위기에 몰렸다. 평소 호통치기로 유명했던 나가모리 사장이 핫토리를 불렀다. 그는 바짝 긴장했다. 그런데 사장은 부드러운 목소리로 이렇게 말했다.

"이번 일로 자네 공부 많이 했지? 공부했으면 됐어."

진정한 리더는 호통을 칠 때와 미소 지을 때를 아는 사람이다. 핫토리 세이치는 훗날 일본전산의 최고 임원이 되었다.

조지 산타야나는 "웃지 않는 청년은 야만인이요, 웃지 않는 노인은 바보다"라고 말했다. 나는 여기에 한 가지를 더 추가하고 싶다. "웃지 않는 사장은 탄핵감이다."

위기 상황에 대처하는 법

골프 치러 가기 전날, 아직도 소풍 전날의 흥분을 간직한 사람이 많다. 그럼 회의는 어떨까? 흥분과 설렘을 안고 기대하는 사람보다는 어떻게든 빠져나가려는 사람이 많다. 당연하다. 재미가 없으니까. 그러나 생각과 방법을 조금만 바꾸면 회의가 즐거워진다.

한 건강식품에서 지렁이가 발견됐다. 이 사실이 언론에 보도되면서 회사가 발칵 뒤집혔다. 만약 당신이 사장이라면 이 문제에 대한 회의를 어떻게 시작하겠는가?

"도대체 정신들이 있는 거야, 없는 거야? 지렁이라니! 회사 말아먹으려고 작정했어?"

이렇게 소리를 버럭 지른다면 안 그래도 얼어붙은 직원들은 완전히 동태가될 것이다. 만약 이렇게 시작하면 어떨까?

"음, 그 지렁이가 우리 건강식품을 먹었을 테니 밟으면 '불끈'했겠는걸? 그 지렁이를 광고 모델로 사용해볼까?"

대책회의의 목적은 상황을 파악하고 대안을 찾는 것이다. 그런데 사장이 화부터 내면 결과는 뻔하다. 긴장을 풀어줘야 좋은 아이디어가 나온다. 화가 나더라도 회의의 목적을 먼저 생각한다면 유머로 시작하는 게 훨씬 낫다. 위기의 순간에 가장 필요한 도구는 바로 '유머'이다.

Chapter 04

인생을 바꾸는 'YES-NO' 선택의 힘

세상에서 가장 웃기는 이야기는 무엇일까?

영국 허트포드셔 대학의 심리학 교수 리처드 와이즈먼은 인터넷을 이용해 전 세계에서 4만 개의 조크를 수집했다. 그리고 70개국 200만 명의 사람들에게 평가를 받은 뒤 세상에서 가장 웃기는 이야기를 발표했다. 1위에 오른 그 조크는 바로 이것이다.

뉴저지에서 온 사냥꾼 두 사람이 숲속을 걸어가고 있었다. 그런데 갑자기 갑자기 한 사람이 가슴을 움켜쥐고 쓰러졌다. 그 모습을 본 친구는 휴대전화로 응급실에 전화를 했다.

"제 친구가 죽은 것 같아요. 어떻게 해야 하죠?"

의사가 대답했다.

"침착하시고요. 일단 친구분이 확실히 사망했는지 확인해주세요."

잠시 후 총성이 울리더니 사냥꾼이 이렇게 말했다.

"예, 확실하게 사망했습니다. 이젠 뭘 어떻게 할까요?"

4만 개의 조크 중에서 1위로 뽑힌, 세상에서 가장 웃기는 이야기임에도 불구하고 이 얘길 하면 웃지 않는 사람이 의외로 많다. 사실은 나도 안 웃긴다. 그래서 최근에 들은 가장 재미있는 조크 하나를 소개해보겠다.

• 단돈 100만 원의 만능 의사

병원에 손님이 없자 의사는 병원 입구에 이런 플래카드를 붙였다.

'단돈 100만 원으로 모든 병을 고쳐드립니다. 실패할 경우 1억 원을 드립니다.' 그 플래카드를 본 한 남자가 쉽게 1억 원을 벌 수 있을 것이라 생각하고 병원을 찾았다.

남자 : 미각을 잃었어요.

의사 : 간호사! 22번 약을 가져와서 이 환자분의 혀에 3방울 떨어뜨리세요.

간호사는 의사의 말대로 했다.

남자 : 웨~엑! 이거 휘발유잖아요!

의사 : 축하드립니다. 미각이 돌아오셨네요. 100만 원 내세요.

남자는 짜증이 잔뜩 나서 며칠 후 변장을 하고 다시 병원을 찾았다.

남자 : 기억력을 잃어버렸어요. 아무것도 기억나지 않아요.

의사 : 간호사! 22번 약을 가져와서 혀에 3방울 떨어뜨리세요.

남자 : 22번? 그거 휘발유잖아요!

의사 : 축하합니다. 기억이 돌아왔네요. 치료비는 100만 원입니다.

남자는 이를 악물고 돈을 냈다. 그리고 며칠 후 다시 병원을 찾아왔다.

남자 : 시력이 너무 약해져서 눈에 뵈는 게 없습니다.

의사 : 안타깝게도 적합한 약이 없네요. 못 고칩니다. 여기 1억 원짜리 수표입니다.

그러면서 의사는 1,000원짜리 한 장을 내밀었다.

남자 : 잠시만요. 이건 1,000원짜리잖아요!

의사 : 축하합니다. 시력이 돌아왔네요. 치료비 100만 원입니다.

처음 이 조크를 듣고 한참을 웃었다. 만약 당신이 웃지 못한다면 우울증 초기 증상이 분명하다. 아니면 지금 큰 고민이 있든지….

YES-NO만 알면 고민은 한 방에 끝!

누구나 고민은 있다. 사실 나도 있다.《유머가 이긴다》를 개정판으로 넣지 말지 고민을 했다. 그러나 난 고민을 오래 끌지 않았다.

'Yes-No예스-노 선택법'이 있으니까.

심각한 고민에서 쉽게 탈출할 수 있는 간단한 방법을 소개하겠다. 특히 이 방법은 CEO들에게 반응이 좋았다. 한 건설회사 사장은 심각한 고민을 하던 중에 내 강의를 들었는데, 이 방법을 적용하고 나서 간단히 문제를 해결했다고 좋아했다.

1단계 : 선택하라

사실 예전의 나는 고민이 꼬리에 꼬리를 무는 소심한 성격이었다. 그렇다고 내 혈액형이 A형은 아니다. O형이다. 그런데 소심한 성격으로 봐서 소문자 o형인 것 같다. 초등학생 시절에 내가 제일 많이 했던 고민은 바로 이것이다.

'동아전과 살까, 표준전과 살까?'

그런데 하루는 담임선생님이 이렇게 말씀하셨다.

"너희들 아직 전과 아직 안 샀지? 학교 앞 문방구에 가서 표준전과를 사거라. 꼭 거기로 가야 한다."

그래서 당장 달려가서 표준전과를 샀다. 고민이 금방 해결됐다.

지금 생각하면 담임선생님이 뭘 좀 드신 것 같다. 그러나 난 그분이 좋았다. 선택을 하면 고민이 사라진다는 평범한 진리를 알려주셨으니까. 그런데 이렇게 말하면 사람들은 성급하게 선택했다가 잘못된 선택을 하면 어떻게 하느냐고 반문하며 또 고민에 빠진다. 하지만 내 경험에

의하면 잘못된 선택을 하더라도 일단 결단을 내리는 것이 좋다.

한 기자가 성공한 CEO와 인터뷰를 했다.

"사장님, 성공의 비결을 한마디로 요약하신다면요?"

"올바른 선택Right choice!"

"아, 그렇군요. 그럼 올바른 선택은 어떻게 하셨죠?"

"좋은 경험Good experience!!"

"아, 그렇군요. 그럼 좋은 경험은 어떻게 얻으셨죠?"

"잘못된 선택Wrong choice!!!"

대한민국 사람들은 '선택'하는 걸 잘 못 한다. 선택의 순간에 자주 사용하는 말은 '아무거나'다. 서울종합예술학교에서 교수로 있을 때 점심을 먹으러 중국집에 갔는데, 마침 후배 교수에게 전화가 왔다.

"지금 막 중국집에 들어왔어. 이리 와. 뭐 시켜줄까?"

"아무거나요~."

그래서 내가 제일 좋아하는 짜장면을 시켰다. 그랬더니 의자에 앉자마자 불평을 쏟아내는 것이 아닌가!

"저는 밀가루를 먹으면 속이 안 좋은데…."

하마터면 그 녀석 얼굴을 짜장에 처박을 뻔했다. 그럼 볶음밥을 먹겠다고 하든지, 한국집으로 가든지….

우리나라 사람들의 이런 우유부단한 태도는 외국에 가도 마찬가지다. 닉슨 대통령이 다녔던 위티어칼리지에서 어학연수를 하던 시절의 일이다. 전 세계에서 모인 다국적 학생들과 저녁식사를 하러 갔다. 딴 나라 유학생들은 자신이 취향대로 요것조것 음식을 시키는데, 한국 유학생들은 다 똑같은 걸 시켜먹는 게 아닌가!

"Me too."

"Me Three."

아무거나를 선택하여 타인에게 결정권을 넘기면 절대로 만족할 수 없다. 자신이 선택해야 결과에 상관없이 후회도 없다. 선택하라! 잘못된 선택을 하더라도 선택을 해야 미련이 남지 않는다. 선택을 안 하면 미련이 남고, 그러면 '미련 곰탱이'가 된다.

'가지 않은 길'이라는 시는 있어도 '갔던 길'이란 시는 없지 않은가. 후회하지 않으려면 선택을 하라. 이것이 고민을 날려버리는 'Yes-No 선택법'의 첫 단계다.

2단계 : 빨리 선택하라

선택을 빨리 하면 고민도 빨리 사라진다. 그래서 난 여학생들에게 빨리 결혼을 하라고 강조한다. 빨리 했다가 실패하면 어떻게 하냐고? 그러니까 빨리 하는 게 좋다. 다시 갈 기회라도 생기니까….

나는 남들보다 군대를 빨리 갔다. 대학교 1학년을 마치고 자원입대했다. 해병대, 특전사는 너무 무서웠다. 방위는 자격미달이었고, 가장 만

만한 곳이 카투사였다. 그런데 그곳은 영어시험을 통과해야만 했다. 고등학교 졸업 후 영어와 담을 쌓고 살았기 때문에 나는 일단 영어책부터 한 권 구입했다. 종로서적에 가서 영어책들을 둘러보는데 눈에 확 띄는 책이 있었다.

고려원이라는 출판사에서 나온 《Vocabulary 22000》. 아마 이 책을 보신 분이 많을 것이다. 내가 이 책을 고른 이유는 단 하나, 겉표지가 빨간색이었기 때문이다.

하지만 안 하던 영어공부였으니 쉽게 진도가 나갈 리 없었다. 16쪽까지 공부하면 눈이 감기고…. 다시 처음부터 16쪽까지 보면 눈이 감기고…. 도무지 진도가 안 나갔다. 할 수 없이 16쪽까지만 공부하고 시험을 보기 위해 문무대로 향했다. 그런데 이럴 수가! 영어문제 50개가 내가 공부한 16쪽 안에서 그대로 나온 것이다. 이걸 통해 난 한 가지 확신을 얻었다. 기적은 있다고? 아니다. 국방부는 시험문제를 대충 낸다는 것을….

논산 훈련소에서 6주간 훈련을 받은 후 평택의 '캠프 험프리'로 이동했다. 그곳에서 자대 배치를 기다리던 중에 한국인 장교가 나오더니 이렇게 물었다.

"너희 중에 신상훈이 누구냐?"

"네, 접니다!"

"내가 5년 동안 여기서 근무했는데, 연극영화과는 네가 처음이다."

사실 카투사에 입대한 후에 주변을 둘러보니 전부 명문대학의 좋은 학과 출신들이었다. 내가 대학에 입학할 당시만 해도 연극영화과는 딴 따라들이 오는 곳이었다. 그런데 당시 미국에서는 UCLA 영화과를 졸업한 스티븐 스필버그와 USC를 졸업한 조지 루카스 감독이 두각을 드러내고 있었다.

그래서 우리나라도 이제는 영화과 출신의 제대로 된 감독이 등장할 때가 됐다고 생각했다. 그리고 그해에 나는 수석으로 한양대학교 연극영화과에 입학했다. 지금 한양대학교 연극영화과는 들어가기 무척 힘든 최고 인기학과지만. 그리고 내가 한양대학교 에리카 캠퍼스에서 교수까지 했으니 인생은 참 재미있는 놀이공원 같다는 생각이 든다.

좌우간, 장교는 내게 이렇게 말했다.

"네가 가고 싶은 곳으로 보내줄 테니 말해봐라. 어디 가고 싶냐?"

"네, 집에 가고 싶습니다!"

하지만 집에는 안 보내주더라. 대신 엄청 좋은 곳이라고 하면서 보내준 곳이 '병참대'였다. 내 보직은 '대대장 운전병'이었다. 군대를 다녀오신 분들은 알 것이다. 카투사가 얼마나 편한 군대이고, 그중에서도 대대장 운전병이 얼마나 '꽃보직'인지….

내가 대대장 운전병이 된 이유는 아버지의 빽도 아니고, 환상적인 코너링 실력 때문도 아니다. 우연히 고참에게 배운 트레일러 빽(트럭 뒤에 트레일러를 달고 후진하여 방향을 정하는 것. 보통 후진과 반대로 운전대를 돌려야 한다. 운전에 능한 사람들도 연습하지 않으면 어려운 기술이다) 때문이다. 훈련을 나갔는데 미군 병사들이 트레일러 빽을 못해서 우왕좌왕할 때 운전 못 하기로 소문난 이등병이 트럭에 올라 한 방에 후진으로 주차하는 것을 멀리서 대대장이 본 모양이었다. 몇 주 후 대대장이 나를 불러 인터뷰를 하더니 자신의 운전병으로 보직을 이동시켰다.

어쨌든 그렇게 해서 라바운티 중령과의 운명적 만남이 이뤄졌다. 운전병이라고는 하지만 별로 운전하고 다닐 일이 없어서 그의 책상도 정리해주고 잔심부름도 하며 인생의 황금기를 보내고 있었다. 그러던 어느 날 대대장의 책상 위에서 우연히 이런 쪽지를 보게 되었다. 참고로 창조적 사고의 시발점은 관찰에서 나온다.

Why Worry?

There are only two things in life to worry about:
Whether you are well or whether you are sick.

If you are well, then there is nothing to worry about.
But if you are sick, there are only two things to worry about:
Whether you are going to get well or whether you are going to die.

If you get well, then there is nothing to worry about.
But if you die, there are only two things to worry about:

Whether you are going to go to heaven or whether you are going to go to hell.

If you go to heaven, then you have nothing to worry about.

But if you go to hell, you'll be so busy shaking hands with all your friends,

that you won't have time to worry!

So, Why Worry?

왜 걱정을 하니?

세상에 걱정할 건 딱 두 가지뿐. 건강한가, 아니면 아픈가.

만약 네가 건강하다면, 걱정할 게 없다.

그러나 만약 네가 아프다면 걱정할 건 딱 두 가지뿐.

아픈 게 나을 것인가, 아니면 죽을 것인가.

만약 네가 나을 것이라면, 걱정할 게 없다.

그러나 만약 네가 죽는다면 걱정할 건 딱 두 가지뿐.

천국으로 갈 것인가, 지옥으로 갈 것인가.

만약 천국으로 갈 것이라면, 걱정할 게 없다.

그러나 만약 네가 지옥으로 간다면,

친구들과 만나 악수하느라 바쁠 테니까 걱정할 시간이 없다.

그런데 왜 걱정을 하니?

이 쪽지를 보는 순간 난 무릎을 탁 쳤다.

'그래, Yes냐, No냐 딱 두 가지만 놓고 판단하자. 그러면 빨리 선택을 할 수 있을 거야!'

우리는 대부분 초등학교 때부터 4지선다, 5지선다형으로 정답을 찍는 데 익숙해져 있다. 즉 멀티플 초이스로 생각을 하니까 선택하는 데 시간이 오래 걸리는 것이다. 식당에서도 복잡한 메뉴를 보면서 뭘 먹을까 고민하기 때문에 선택하는 데 시간이 많이 걸린다.

하지만 이렇게 해보라. Yes냐, No냐 두 가지만 놓고 생각하는 것이다. 뭘 먹을까 고민할 때 일단 '육류로 할까, 어류로 할까?'를 선택한다. 육류를 골랐다면, '쇠고기로 할까, 돼지고기로 할까?' 돼지고기를 골랐다면 '매운 것으로 할까, 담백한 것으로 할까?' 이 정도만 해도 고민의 범위는 상당히 좁아진다.

유명한 맛집일수록 메뉴가 간단하지 않은가! 반대로 '김밥천국'을 보라. 메뉴가 얼마나 다양하고 복잡한가. 물론 그 나름의 운영 방식과 영업 전략이 있겠지만, 한 가지 메뉴로 감동적인 맛을 선사하는 맛집이 될 확률은 거의 없다. 유명한 맛집이 되려면 머릿속을 복잡하게 만들지 않

는 간단한 메뉴가 필요하다. 이처럼 생활의 메뉴도 단순하게 바꾸면 집
중력도 올라가고, 몰입도도 올라갈 것이다.

만약 당신이 회사생활을 하면서 이런저런 고민으로 머릿속이 복잡
하다면, 자잘한 고민은 집어치우고 딱 두 가지만 생각해라. 계속 다닐까
Yes, 말까No? 가정생활도 마찬가지다. 왜 자꾸 부부싸움을 하는가? 딱 두
가지만 생각해라. 계속 살아Yes, 말아No? 선택을 빨리 하면 고민도 빨리
사라진다.

3단계 : 현명하게 선택하라

'빨리 선택하라' 는 2단계가 못마땅한 분들도 있을 것이다. 사실 빨리
선택한다고 다 좋은 것은 아니다. 결혼을 한 사람은 안다. 빨리하는 것보
다 현명하게 하는 게 중요하다. 그래도 빨리 하면 한 가지는 유리하다.
만약에 잘못됐더라도 다시 할 기회가 생긴다. 그게 싫다면 현명하게 한
방에 성공하는 비결을 알아두라.

결혼을 성공적으로 한 사람들은 특징이 있다. 그들은 결혼 전 데이트
기간에 상대방이 어떤 남편과 아빠가 될지, 어떤 아내와 엄마가 될지 정
확히 예측했다는 것이다. 우리가 책을 읽고, 학교를 다니고, 끊임없이 공
부하는 이유는 미래를 예측하고 준비하여 미리 대비하기 위한 것이다.

나쁜 남자와 사귀다 헤어진 여자들은 왜 또 다른 나쁜 남자에게 빠
지는 걸까? 한 치 앞도 내다보지 못하는 바보이기 때문이다. '바보' 라는
표현을 써서 좀 미안하긴 하지만, 그래도 진짜 어리석은 바보다. 왜 같은

실수를 반복하는가. 현명한 사람들은 과거를 통해 배운다. 그러나 바보들은 과거를 통해 딱 한 가지만 배운다. 과거를 통해 아무것도 배우지 못한다는 사실을…. 선거를 봐도 알 수 있다. 잘못된 대통령을 뽑았던 사람들은 또 다시 실수를 반복할 것이다.

그럼 테스트를 통해 현명하게 선택하는 노하우를 알아보자.

다음 질문을 주의 깊게 보라.

"사람이 죽고 난 뒤에 천국이나 지옥이 있을까, 없을까?"

'있다'고 생각하는 분은 오른손을, '없다'고 생각하는 사람은 왼손을 들라. 지금 손을 안 든 사람은 '빨대'다. 빨대가 무엇인지는 다음 장에서 설명할 텐데, 눈치 빠른 사람은 느끼겠지만 별로 좋은 소리는 아니다. 특별히 고민이 많은 사람이다. 다시 강조하지만 선택을 빨리해야 고민이 빨리 사라진다. 행동이 생각보다 빠르면 고민이 줄어들고, 행동보다 생각이 많으면 고민도 많아진다.

그럼 방금 던진 이 질문에는 답이 있을까?

답이 없다고 생각하면 정말 답이 없다. 아무리 어려워도 '답이 있다'고 생각하는 삶의 태도가 답을 찾는 열쇠다. 모든 문제에는 답이 있다. 자, 그럼 답을 보여주겠다. 다시 한 번 질문을 살펴보자.

"사람이 죽고 난 뒤에 천국이나 지옥이 있을까, 없을까?"

현명한 선택의 기본 전제는 미래에 일어날 일을 미리 예측해보는 것이다. 천국과 지옥의 존재에 대해 확실히 아는 사람은 없다. 죽었다 깨어

난 경험이라도 있다면 모를까 나도 믿을 수가 없다. 그렇다고 천국과 지옥이 무조건 없다고 말할 수도 없다. 죽어본 적이 없으니까. 이럴 경우 죽은 뒤 벌어질 경우의 수를 놓고 각각 예측해보면 된다.

천국과 지옥이 있다고 믿는 경우에는 두 가지 경우의 수가 있다. 있을 경우와 없을 경우. 마찬가지로 천국과 지옥이 없다고 믿는 경우에도 두 가지 경우의 수가 있다. 있을 경우와 없을 경우, 각각 어떤 답이 나오는지 보자.

답 1. 천국과 지옥이 있다고 믿었는데 있을 경우 : 이걸 선택한 사람은 정말 다행이다. 천국에 갈 수 있으니까.

답 2. 천국과 지옥이 있다고 믿었는데 없을 경우 : 이건 꽝! 죽어보니 아무것도 없다. 일반인이야 그리 아쉬울 게 없겠지만 이쪽에 평생을 투자하신 목사님, 신부님, 수녀님, 스님들은 좀 열 받는 일이다. '괜히 머리 깎았어…. 괜히 머리 깎았어….'

답 3. 천국과 지옥이 없다고 믿었는데 없을 경우 : 이것 역시 꽝! 내 생각이 옳았다고 자랑할 것도 없고, 결과적으로 특별히 좋을 일도 없다.

답 4. 천국과 지옥이 없다고 믿었는데 있을 경우 : 이걸 선택한 당신은 정말 큰일 났다. 왜? 안 믿은 벌로 지옥에 갈 테니까. 요샛말로 ×된 케이스다.

고민은 고만! 인생은 과정이다

우리가 하는 걱정의 40퍼센트는 절대 일어나지 않을 일, 30퍼센트는 이미 일어난 일, 22퍼센트는 사소한 사건들, 4퍼센트는 우리가 바꿀 수 없는 일이라고 한다. 그래서 우리의 고민 중 96퍼센트는 신만이 해결할 수 있는 고민이다. 인간이 해결할 수 있는 4퍼센트의 고민도 앞서 설명한 'Yes-No 선택법'을 활용하면 5분 안에 결론을 내릴 수 있다. 사실 우리는 이미 해결책을 스스로 알고 있고, 그래서 무엇을 선택해야 하는지도 알고 있다. 단지 행동으로 옮길 용기가 없을 뿐이다. 하지만 그 용기에 힘을 불어넣어주는 것이 바로 유머다.

독일의 나치 치하에서 순교한 디트리히 본훼퍼Dietrich Bonhoeffer 목사는 이런 말을 했다.

"제아무리 심각한 상황이라도, 약간의 유머가 빠지는 법은 절대로 없다."

상황이 어렵더라도 너무 고민하지 말고 유머 감각을 발휘해 Yes-No 선택을 해보라. 'Yes or No'에 정답이 있다. 무엇을 선택하겠는가? 지금 옆에 있는 아들에게 무엇을 선택하겠느냐고 물어보았더니 자신은 'or'를 선택하겠단다. 누가 내 아들 아니랄까 봐….

여기서 한마디 더 추가하자면, 유머는 답을 찾는 과정이다. 이것이 답이라고 발표하는 순간에도 또 다른 답을 찾아야 한다.

《유머가 이긴다》를 쓸 때 대학에 입학했던 아들은 7년이 지난 지금도 대학을 다니고 있다. 졸업하려면 2년이나 남았다. 학교도 바뀌었고, 전공도 바뀌었다. 지금도 확실한 목표를 갖고 있지 못한 것 같다. 한동안 이런 아들로 맘고생을 했는데 이제는 아니다. 인생은 결과가 아닌 과정이기 때문이다. 그 과정을 즐겨야 한다. 그래서 유머는 항상 이기는 것이다. 내 아들 새벽아, 사랑해. 이제 졸업 좀 하자. 응?

Chapter 05

깔때기 VS. 빨대
어떤 인생을 살 것인가

―

대학교에서 학생들을 가르치다 보면 화가 날 때가 종종 있다. 일단 주목을 하지 않는다. 4분의 1의 학생들이 스마트폰에 열중한다. 귀에 이어폰을 꽂고 무언가를 듣거나, 대놓고 자는 학생도 있다. 난 이런 학생들을 보면 화를 낸다.

"거기 스마트폰 보는 친구, 지금 뭐하는 거야? 집중하란 말이야."

사실 대학을 다니는 아들을 둔 아빠의 심정으로 잔소리를 하는 거다. 그러나 듣는 학생들은 내 잔소리가 듣기 싫은 모양이다. 어떤 학생들은 말대답까지 한다.

"저는 동시에 두 가지 일을 할 수 있습니다. 스마트폰을 보면서 강의

듣는 중입니다."

"동시에 두 가지 일을 완벽하게 할 수는 없어. 한 가지만 빼놓고…."

"그게 뭔데요?"

"샤워하면서 오줌 싸는 거! 당장 스마트폰 집어넣어!"

그러면 99퍼센트의 학생들은 웃음으로 내 잔소리를 긍정적으로 받아주고, 1퍼센트의 학생은 끝까지 신경질적인 반응을 보인다. 왜 똑같은 강의실에서 똑같은 교재로, 똑같은 선생이, 똑같이 가르쳤는데 학생들의 반응은 이렇게 다른 것일까?

사장들도 화가 날 것이다. 왜 똑같이 뽑은 직원들에게, 똑같은 월급을 주고, 똑같은 지시를 했는데, 왜 어떤 직원들은 내 말을 못 알아들을까? 지금 이 책을 읽는 사람 중에도 100퍼센트 이해하지 못하는 사람이 있을 것이다. 그렇다면 왜 이런 차이가 생기는 것일까?

부모로부터 물려받은 유전적인 영향이나 후천적인 교육환경, 그 외에도 지역적·사회적 영향, 혈액형, 날씨, 조상님 등…. 누구의 '탓'으로 돌리기 시작하면 한도 끝도 없다. 그래서 학생들의 학습 태도와 성적은 어떤 관계가 있는가에 대해서 조사해봤다. 결론부터 말하자면, 학습과 인지에 가장 중요한 기준이 되는 것은 '인식의 틀'이다.

난 능에서 자랐다. 그렇다고 왕족 출신은 아니고, 능지기의 아들은 더더욱 아니다. 집이 청량리 근처 홍릉 옆이라 커다란 봉분에서 미끄럼을 타고, 능 안에 흐르는 시냇물에서 물장구치며 자랐다. 시냇물의 중간을 흙으로 막았다가 이것을 한꺼번에 터뜨리는 놀이를 즐겨했는데, 새로운 물길을 내기 위해 한 여름 내내 땀 흘린 기억이 새롭다. 그래서 이용복의 노래 '진달래 먹고 물장구치던~'을 특별히 좋아한다.

당신은 깔때기인가, 빨대인가

물은 원래 흐르던 곳으로만 흐른다. 그런데 새로운 길을 내주면 그곳으로도 물이 흐르기 시작한다. 지식을 물에 비유한다면 새로운 물길은 새로운 형태의 교육 방식을 말하는 것이고, 둑을 쌓아 막아놓은 물은 새롭게 습득한 지식이라 할 수 있다. 똑같은 양의 비가 하늘에서 쏟아졌을 때 제대로 된 물길과 둑이 마련된 학생들은 필요한 만큼 물을 담아두었다가 필요할 때 시원하게 목을 축인다. 그러나 제대로 된 물길과 댐이 준비되지 않은 학생들은 금방 물이 말라버려 지식을 담아둘 틈도 없이 고갈을 느낀다.

똑같은 비(지식, 정보)가 오더라도 깔때기형 인식의 틀을 가진 사람은 많은 양의 지식을 비축할 수 있다. 그러나 빨대형 인식의 틀을 가진 사람은 극히 미량의 정보만 습득하게 된다.

깔때기는 새로운 내용의 수업을 들어도 그것을 잘 받아들인다. 메모도 열심히 하기 때문에 기억하는 정보의 양도 많다. 그러나 빨대는 똑같은 수업을 들어도 극히 일부만 기억한다. 그것도 아주 부정직이고 쓸데없는 것만 쪽쪽 빨아서 기억한다.

학생들을 관찰해보니 수업 태도에서부터 이미 깔때기와 빨대로 구분되는 것을 알게 되었다. 첫 수업에서 앉아 있는 태도를 보면 학기말의 성적까지 훤히 보이는 것이다. 그래서 이런 유행어가 생겼나 보다.

"척보면 앱니다!"

깔때기는 앉는 자리부터 다르다. 맨 앞이나 둘째 줄, 혹은 교수와 눈이 가장 잘 마주치는 가운데 자리에 앉는다. 그리고 뚫어지게 교수를 쳐다본다. 빨대들은 가급적 교수와 눈을 맞추지 않으려 한다. 맨 뒷자리나 창가, 아니면 머리 큰 친구 뒤에 앉는다. 그리고 눈을 깔고 휴대전화를 보거나 먼 산을 보고 있다.

수업 중에 교수와 눈 마주치는 시간을 조사해보면 분명 성적과 비례할 것이다. 나침반이 항상 남과 북을 가리키듯이 눈도 한곳에 고정되어 있으면 정확한 목표를 잡을 수 있다. 하지만 눈이 레이더처럼 뱅글뱅글 돌아다니는 학생들을 보면 정말 내 머리도 돌아버릴 것 같다.

깔때기는 긍정적인 태도를 가지고 있기 때문에 조크를 하면 크게 웃어준다. 빨대는 피식 웃거나 얼굴에 거의 표정 변화가 없다. 물론 빨대도 웃을 때가 있긴 한데, 주로 혼자서 몰래 음흉하게 웃는다.

또한 깔때기는 수업 내용을 열심히 필기한다. 그러나 빨대들은 '기록이 기억을 앞선다'고 아무리 강조해도 메모할 생각은 안 하고 그저 팔짱만 끼고 삐딱하게 쳐다본다. 나는 혼자서 팔짱 끼고 있는 사람을 보면 참 불쌍하다는 생각이 든다. 이런 사람은 대부분 애인이 팔짱을 안 껴주니까 스스로 끼고 있는 애정결핍증 환자다. 혹은 마음이 꽉 닫혀 있거나,

아니면 배가 나온 사람이다(배 위에 팔을 얹어놓으면 편하니까).

또 다른 아주 중요한 특징이 있다. 깔때기에게 질문을 하면 바로 대답을 한다. 그러나 빨대에게 질문을 하면 꼭 이렇게 말한다.

"저요?"

빨대들은 자신에게 무언가를 시키거나, 질문하는 걸 무척 싫어하고 두려워하기 때문에 다시 한 번 물어보는 것이다.

"저요?"

그러니까 항상 모든 일에 '지는' 거다.

다음 이야기 속의 피터는 깔때기일까, 빨대일까?

피터는 아이들로부터 항상 놀림을 받았다. 남들보다 말도 느리고, 걸음도 느리고, 반응도 느렸기 때문이다. 그래서 아이들은 피터를 보면 언제나 때리고 장난치고 놀렸다. 가장 자주 놀려먹는 일은 10센트짜리와 5센트짜리 동전을 보여주는 것이었다.

"피터! 다임(10센트)과 니클(5센트) 중에 어느 걸 가질래?"

그러면 피터는 커다란 눈을 끔뻑끔뻑하다가 크기가 더 큰 '니클'을 집어 들었다. 아이들은 피터에게 바보라고 놀리며 달려갔다. 이 모습을 지켜보던 동네 할아버지가 말했다.

"피터야, 5센트 동전이 더 크지만 10센트가 더 가치 있단다."

피터는 자신을 놀리고 사라진 아이들 쪽을 힐끗 보더니 할아버지에게 이렇게 말을 했다.

"저도 알아요, 할아버지."

"그런데 왜 항상 5센트를 집는 거냐?"

"만약 10센트를 집는다면 이 놀이가 끝나잖아요."

보이는 대로 본다면 피터는 분명 빨대다. 그러나 실제 피터의 모습은 깔때기와 같다. 받아들일 만한 것은 받아들이며 실속은 챙긴다. 일단은 듣고, 읽고, 받아들이고…. 그래서 많은 양의 정보를 내 것으로 만든 다음에 가장 현명하고 유리한 판단은 나중에 하면 되는 것이다. 깔때기는 빨대보다 바보처럼 보이고 둔해 보이고 느려 보일 수 있다. 하지만 실제로는 창의적인 사고를 통해 모두에게 유익한 아이디어를 만들어내는 크리에이티브한 인간이다.

유머 성공 전략!

위트와 센스 있는 사람이 되려면 PUN(펀)을 연습하라

PUN(펀)은 말 그대로 동음이의어를 활용하는 방법이다. 발음이 비슷한 단어를 잘 사용해서 웃음을 유발하는 것인데 요즘 젊은이들은 이런 말장난을 좋아한다. 그렇다고 너무 자주하면 안 된다. 왕따 된다.

"휴지통의 휴지가 어느 나라 말인지 알아? 영어야, HUGE(휴지), 큰 통이라 이거지. 근데 큰 통이 꽉 찼구먼. 자네가 좀 비우지 그래."

"계란 값이 영어로 뭔지 알지? 에그머니, 호주 돈은 호주머니. 그러면 소매치기가 빼간 돈은? 슬그머니."

빨대의 자식이 빨대일 수밖에 없는 이유

빨대는 자신들이 빨대란 사실을 모르고 산다는 데 문제가 있다. 또한 빨대라는 사실을 인정하지도 않는다. 사는 데 별로 불편함을 못 느끼기 때문이다. 그러나 언젠가 반드시 문제가 발생하고야 만다. 그것은 바로 빨대가 빨대를 낳는 순간이다. 빨대는 주로 빨대와 눈이 맞아 결혼을 하기 때문에 빨대를 낳는다. 그리고 이 빨대 근성은 유전된다. 이제 빨대의 고난이 시작된다. 자기 자신의 모습은 제대로 보지 못했지만, 자신을 꼭 닮은 빨대가 집 안에서 어슬렁거리기 시작하면 눈에 거슬리는 것이다.

"넌 누굴 닮아 그 모양이니…."

"누굴 닮긴 누굴 닮아. 아빠 엄마, 합쳐서 부모님 닮았지."

갑자기 부모님의 한 맺힌 저주가 생각나는 분들이 많을 것이다.

"너도 결혼해서 너랑 똑 닮은 자식 낳아봐라."

내 자녀가 빨대인지 아닌지 구별하는 방법을 소개하겠다. 퇴근해서 집에 들어갔을 때 현관으로 튀어나오는 시간을 재봐라. 빨리 튀어나오면 깔때기, 늦으면 빨대다. 깔때기들은 뛰어나와서 아빠 엄마에게 안기며 뽀뽀를 해준다. 하지만 빨대는 내다보지도 않고 자기 방에서 컴퓨터만 보고 있다.

여기서 잠깐, 부모들이 알아야 할 주의사항이 하나 있다. 자녀들이 컴퓨터 앞에 앉아 있다고 해서 계속 공부를 할 거란 생각은 버려라. 여러분이 회사 컴퓨터 앞에서 내내 일만 하는 게 아니듯이, 자녀들도 컴퓨터 앞에 앉아서 공부만 하는 게 아니다. 딴짓하는 경우가 많다. 특히 하루 3시간 이상 컴퓨터를 한다면 이것은 '사이버 중독'이다. 미국에서는 이미 담배, 술, 약물 중독보다 더 심각하게 여기는 것이 사이버 중독이다. 빨대들은 이런 유혹에 쉽게 빠져들고, 중독되면 쉽게 헤어나오지 못한다. 이런 사람들이 결혼을 해서 아이를 낳으면 부부가 PC방에서 게임을 하느라 아이를 굶겨 죽이기도 하는 것이다.

자녀가 깔때기인지 아닌지 구별하는 또 다른 방법은 다음 질문을 해보는 것이다.

"오늘 학교에서 무슨 일 있었니?"

깔때기들은 말을 많이 한다. 그러나 빨대들은 말이 없다.

"어저께랑 똑같아."

"그럼 어저께는 무슨 일 있었는데?"

"오늘하고 똑같아."

빨대는 왜 말이 없을까? 한마디로 열려 있지 않기 때문이다. 깔때기는 많이 받아들이는 구조이다. 반대로 뒤집어보면 쏟아낼 것도 많다. 그래서 많이 듣고, 많이 읽고, 많이 생각하고, 많은 말을 한다.

나도 어릴 때 많은 양의 말을 했다고 한다. 가령 이런 식이다.

RE 유머가 이긴다

"엄마, 여기가 어디야? 목욕탕이 뭐하는 데야? 왜 남탕, 여탕으로 나뉘져 있어? 난 왜 여탕으로 들어가?"

그러나 빨대는 위아래가 똑같이 좁아서 받아들이는 양도 부족하지만, 쏟아내는 양도 부족하다. 그래서 깔때기는 점점 더 긍정적으로, 빨대는 갈수록 더 부정적으로 변하는 것이다. 이쯤 되면 불만을 표시하는 부모도 있을 것이다.

"그래, 좋아. 내 자녀가 말도 없고, 표현도 안 하고…. 빨대 성향이 있기는 있지만 공부는 잘한다고! 전교 1등이라니까!"

그러나 공부 잘하는 빨대들이 더 문제다. 빨대가 CEO가 되면 '빨대 사장'이 되는 것이다. 운전기사에게 욕하고 갑질하는 사장들을 보라. 빨대 사장들은 필요할 때 직원들의 등골을 쪽쪽 빨아먹다가 필요 없으면 바로 버린다. 임시직이라고 버리고, 경기가 안 좋다고 버리고, 구조조정을 하면서 버리고…. 그런 빨대 사장도 언젠가는 버려지게 된다.

빨대가 검사가 되면 '빨대 검사'가 된다. 법을 자신들의 부귀영화를 위한 도구로 삼아 약자를 짓밟고, 권력에 충성하여 나라를 뿌리 채 흔들어놓는다. 우 씨 성을 가진 검사가 떠오를 것이다. 그러나 우 검사만 문제가 아니다. 검사들이 대부분 어떤 학교 출신인지 보라. 공부 잘하는 빨대가 더 큰 문제를 일으킨다. 만약 이런 빨대가 대통령까지 된다면 국민들의 혈세에 빨대를 꽂아 수십조 원씩 쪽쪽 빨아먹을 궁리만 한다. 4대 강으로, 자원 외교로, 체육재단으로…. 빨대들은 국민들의 목소리도 귀담아 듣지 않는다. 자신이 듣고 싶은 내용만 골라 듣는다. 빨대니까.

나는 놈 위에 노는 놈 있다

빨대는 영어로 Straw(스트로)다. 그러면 깔때기는 영어로 무엇일까? Funnel(퍼널)이다. Funnel이라는 단어를 자세히 보면 앞에 Fun(펀)이 있다. 깔때기 안에 Fun(재미, 즐거움)이 담겨 있는 것이다. 즐거움을 통해 긍정적 마인드가 형성되고, 재미를 통해 몰입이 된다. 귀가 따가울 정도로 많이 들었던 이야기를 다시 한번 반복해보겠다.

"똑똑한 자는 열심인 자를 못 따라가고, 열심인 자는 즐기는 자를 못 따라간다."

왜 그런지 아는가? 바로 똑똑하고 열심인 사람들이 빨대처럼 세상을 살고 있을 때, 정말 즐기는 깔때기들은 하늘을 향해 두 팔을 벌리며 모든 것을 가지기 때문이다. 당신도 펀Fun을 품으면 깔때기가 될 수 있다. 기억하라! 뛰는 놈 위에 나는 놈 있고, 나는 놈 위에 노는 놈이 있다는 것을….

특히 '펀'은 능률을 향상시킨다. 그래서 펀 경영이 새로운 패러다임으로 각광받으며, 인기를 끌었던 것이다. 그런데 아직도 '펀'이 정말 효과가 있는지 의심한다면 다음 사례를 보자.

청소부 삼순이 아줌마는 남자 화장실 청소를 할 때마다 짜증이 난다.

닦고 닦아도 항상 소변기 밑에는 수컷들이 흘린 소변 자국으로 지저분하기 때문이다. 아줌마는 '한 발 앞으로', '가까이 오세요'와 같은 경고문을 붙여봤다. 그러나 별 소용이 없었다. 그래서 이번에는 좀 재미있는 문구로 바꿔봤다.

'남자가 흘리지 말아야 할 것은 눈물만이 아닙니다.'

'당신의 총은 장총이 아니라니까.'

약간 효과가 있었으나 며칠이 지나자 다시 그 모양 그 꼴이다. 그래서 이번에는 소변기 안쪽에 파리 모양의 스티커를 붙였다. 그랬더니 효과 만점이었다.

실제로 네덜란드 암스테르담 공항 화장실에서 있었던 일이다. 소변기에 파리 모양의 스티커를 붙이자 바닥으로 떨어지던 소변의 80퍼센트가 줄어들었다. 대충 갈기던 인간들이 파리를 맞춰보겠다는 일념으로 정조준을 하니까 화장실 바닥이 깨끗해진 것이다.

이처럼 재미있는 게임을 통해 도전정신을 심어준다면 당장 효과가 나타난다. 소변기의 파리를 정확히 맞출 때마다 소변기에 붙은 전광판에 숫자가 올라간다면 바닥에 떨어지는 소변은 단 한 방울도 없을 것이다. 틀림없다! 이처럼 지저분한(?) 문제도 '펀'이 들어가면 손쉽게 그리고 유쾌하게 해결할 수 있다. 이것이 바로 깔때기의 문제 해결법이다.

깔때기는 긍정적인 마인드의 소유자다. 빨대에서 깔때기로 변신할 수 있는 유일한 방법이 '펀'인 것처럼 부정적인 마음을 긍정적 마음으로 바꾸는 유일한 방법은 역시 펀, 웃음, 유머다. 이제 빨대처럼 좁은 인식의 틀을 깔때기처럼 넓혀야 한다. 그러면 창의적인 생각, 창조적인 사고가 가능해진다. 그래서 감히 말한다. 아이들이 공부를 잘하는 비법은 바로 유머라고.

빨대를 어떻게 깔때기로 변화시킬 것인가

유머를 활용하면 아이들은 금세 깔때기가 된다. 대표적인 예를 소개하겠다. 가수이자 방송인인 노사연 씨가 어릴 때부터 지금처럼 재미있고 말을 잘한 건 아니라고 한다. 하루는 어머니가 이렇게 말씀하셨다.

"이제부터 저녁 먹기 전에 웃기는 얘기를 한 가지씩 해라. 웃겨야 밥을 준다."

이때부터 노사연, 노사봉 자매는 말 그대로 '먹고 살려고' 여기저기서 웃기는 이야기를 수집하기 시작했다.

"얘들아, 나 웃기는 얘기 좀 해줘. 안 그러면 나 저녁 못 먹어….."

그렇게 수집한 조크를 저녁 식탁에서 말하면 어머니는 껄껄 웃으시며 밥을 퍼줬다고 한다. 눈치 빠른 사람은 벌써 이해했을 것이다. 노사연 씨의 어머니는 자녀들에게 이런 방법으로 유머 교육을 시킨 것이다. 친구들과 웃기는 이야기를 주고받으니까 친화력이 생기고, 머릿속에 저장

RE 유머가 이긴다

해야 하니까 기억력이 좋아지고, 엄마 앞에서 조크를 하니까 발표력이 생기고, 엄마가 웃어주니까 기쁨이 넘쳐나고…. 그래서 행복을 느낀 것이다.

기쁨이란 말뜻은 '기'가 뿜어져 나오는 것이다. 요즘도 자식들 기 살려준다고 식당이나 공공장소에서 시끄럽게 뛰어다니는 걸 그냥 놔두는 무식한 부모들이 있다. 하지만 기를 살리는 건 '기쁨'을 통해서 하는 것이다. 노사연 씨 가족의 유머 교육을 오늘 당장 실천해보라.

또 다른 좋은 방법이 있다. '끝말잇기'다. 재미있는 놀이가 빨대를 깔때기를 만드는 가장 효과적인 방법이다. '끝말잇기'는 어휘력을 늘리는 학습도 되지만, 자녀들의 생각도 들여다볼 수 있는 놀이다. 말수가 적어진 자녀를 붙잡고 대화를 해보자고 닦달할 게 아니라, 놀이를 통해 자연스럽게 속마음도 알고, 웃음도 터지고, 대화도 이어지는 시간을 가져보기 바란다. 자동차를 타고 이동할 때 하면 더욱 효과적이다.

긍정적인 마인드의 깔때기들은 사용하는 단어도 긍정적이다.

(가) 가정 – 정상 – 상식 – 식사 – 사랑 – 랑데뷰 – 뷰티플 – 플라워….

그러나 문제가 있는 가정의 아이들, 빨대 성향의 아이들은 부정적 단어를 사용한다.

(가) 가정법원 - 원망 - 망신 - 신음 - 음란물 - 물침대 - 대가리치워

그 많은 단어 중에 왜 하필 이런 단어들을 떠올렸을까? 머릿속에 그런 단어들이 맴돌기 때문이다. 여러분도 머리 하러 가는 날은 주위 사람들의 머리만 보이지 않던가. 아이가 끝말잇기에 서툴다면 십중팔구 책 읽기를 게을리해서 단어와 문장력이 떨어진 것이다. 그 사람이 알고 있는 단어의 숫자와 연봉은 비례한다.

그렇다고 단어의 숫자를 늘려주기 위해서 '책 읽어라, 공부해라' 하는 잔소리를 하기보다는 아이들에게 재미있는 유머를 던져라. 재미, 웃음, 유머를 통해 깔때기로 만드는 것이 가장 중요하다. 당신은 오늘 제대로 된 가정교육을 했는가? 즉 가족들을 웃겨줬느냐는 말이다.

RE 유머가 이긴다

유머력 키우기 1단계 ㅣ 유머를 연습하라

첫 마디를 위한 애드립

어떤 경우라도 절대 원고를 읽어서는 안 된다. 아직도 마이크 앞에서 원고에 고개를 처박고 읽어 내려가는 CEO들은 그냥 그대로 하는 게 나을지도 모르겠다. 직원들이 당신을 향해 던지고 있는 비웃음을 보지 않는 편이 정신건강에 이로울 테니까 말이다. 그러니까 최소한 첫 마디용 애드립이라도 준비해서 웃음으로 시작하기 바란다.

> "오늘이 제 생일입니다. (박수 후) 뻥입니다. 하지만 새로 태어나는 심정으로 오늘 말씀을 전해드립니다."

절대 길면 안 된다

처음 시작은 아무리 재미있어도 길어지면 지루해지는 법이다. 절대 길게 해서는 안 된다. 아직도 우리나라 행사에 가보면 내빈 소개가 지루하다. 소개하는 모든 사람의 인사말을 듣다 보면 짜증이 나서 뛰쳐나오고 싶다. 어떤 행사든 내빈은 무대에 앉은 사람이 아니라, 객석에 앉은 사람들이다. 무대에 앉은 사람들은 대부분 내빈이기보다 그냥 빈대일 경우가 많다. 만약 당신이 내빈으로 인사 말을 한다면 무조건 짧게 하라.

> "박수 소리보다 하품 소리가 더 커지네요. 제 소개는 네이버가 대신 하겠습 니다. 감사합니다."

절대 읽으면 안 된다

앞에서 읽지 말라고 이미 얘기가 나왔다고? 두 번 세 번 이야기해도 지나침이 없을 정도로 중요한 것이니까 다시 반복하는 것이다. 제발 원고를 읽지 마라. 원고를 읽는 순간 누가 대신 써줬다는 것이 탄로 나게 된다. 읽더라도 제발 소화해서 안 읽는 척이라도 하라.

숫자를 이용하면 기억에 오래 남는다

코미디언 이경규 씨는 강호동 씨의 결혼식 주례에서 이렇게 말했다.
"결혼은 어떤 나침반으로도 항로를 발견한 적 없는 거친 바다입니다. 남녀가 함께 만나서 노는 것은 쉽지만, 함께 사는 것은 정말 어려운 일입니다. 결혼은 3 주를 만나고 3개월을 사랑하고 3년을 싸우고 30년을 참는 일이란 말이 있습니 다. 두 사람도 싸울 수밖에 없을 테지만 슬기롭게 싸워야 합니다."
3주, 3개월, 3년, 30년이라는 숫자 때문에 이야기의 맥락이 가슴에 남는다. 강 호동 씨 결혼식 때 김제동 씨는 자작시는 낭독했는데, 그 내용은 이렇다.
"10대 때 단발머리로 샅바를 잡았고, 20대 때 짧은 스포츠머리로 방송에서 새 로운 샅바를 잡았으며, 30대 때 인생 최고의 샅바를 잡았습니다. 그동안 주신

과분한 사랑을 손잡고 같아 나가십시오."

역시 10, 20, 30이라는 숫자가 매치되어 귀에 그리고 가슴에 쏙쏙 남는다.

웃기지 않아도 아무도 비난하지 않는다

유머의 가장 큰 장점은 긴장을 풀어준다는 것이다. 처음 만나는 사람끼리, 혹은 오랜만에 만난 친구끼리도 긴장감이 흐를 때 유머로 풀 수 있다. 특히 당신이 먼저 긴장을 풀어야 한다. 젖은 비누를 잡으면 튀어나가듯이 당신이 긴장해서 손에 땀이 난다면 사람들도 비누처럼 튀어나가 버린다. 파티에 갔는데 당신이 앉은 테이블에서 사람들이 하나둘씩 사라지는 걸 경험해보았는가? 당신 때문이다. 당신이 놓친 거다! 한번은 모 대학 동창모임에 연사로 초대를 받은 적이 있었다. 둥근 테이블에 모르는 사람끼리 마주앉아 멀뚱멀뚱 바라보며 어색한 공기가 흐르는 순간, 나는 이렇게 말을 꺼냈다.

"안녕하세요. 저는 우리나라에서 다섯 손가락 안에 꼽히는 코미디 작가 신상
훈입니다. 다 죽고 5명만 살아남았어요."

웃음소리와 함께 자연스럽게 자기소개가 이어졌다. 이처럼 긴장된 순간에 가장 필요한 건 유머다.

Part 02
—

4차 산업혁명은
유머로 준비하라

Chapter 06

4차원 인간은
바로 유머형 인간

—

<미녀들의 수다>로 유명해진 방송인 사유리의 별명은 4차원이다. 그런데 그녀의 트위터 어록을 보면 웃어넘길 이야기만은 아니다.

"남의 먼지를 털어내는 데 집중하다 보면 어느 순간 그 먼지가 나에게 쌓여 있다."

"사람의 부탁을 들어주는 것이 싫은 게 아니라, 부탁할 때만 연락 오는 것이 싫은 것이다."

"사람이라는 책은 아무리 표지가 좋아 보여도 마지막 에필로그를 읽을 때까지 모른다."

독특한 말과 행동으로 4차원 방송인이라 불리지만 다른 표현으로는 또라이라고도 한다. 그런데 앞으로 다가올 4차 산업혁명의 시대에는 이런 또라이들이 성공한다. 왜냐고? 일단 4차 산업혁명에 대해서 간단히 설명하고 넘어가자.

최근 매스컴에 자주 등장하는 '4차 산업혁명'이 뭐냐고 물어보면 대답을 제대로 하는 사람이 없다. 설명을 해도 뭔 소린지 모르겠다. 검색을 해보면 이렇게 정의하고 있다.

정보통신기술ICT의 융합으로 이뤄지는 차세대 산업혁명

_출처 : 시사상식사전

1차 산업혁명은 1784년 영국에서 발명된 증기기관으로 촉발된 기계화였고, 2차 산업혁명은 1870년부터 촉발된 전기를 이용한 대량생산이었다. 3차 산업혁명은 1969년부터 인터넷이 이끈 컴퓨터 정보화 및 자동화 생산 시스템이었다. 4차 산업혁명은 알파고 같은 인공지능과 터미네이터 같은 로봇기술 그리고 인간의 장수에 도움을 주는 생명과학이 주도하는 시대가 될 것이다. 인공지능을 통해 실제 세상과 가상의 세상이 결합하여 자동적·지능적으로 제어되는 시스템이 구축되어 변화하는 미래를 4차 산업혁명이라고 하는 것이다.

솔직히 4차 산업혁명은 설명을 들어도 뭔 소린지 잘 모르겠다. 그런데 이런 불명확성이 4차 산업혁명의 핵심이다. 쉽게 말해 어떻게 변화되어 발전할지 누구도 정확히 모른다는 것이 정답이다.

예전 우리들이 살아온 시대는 지식과 교육을 통해 불확실성을 걷어 내는 노력을 했고, 어느 정도 성공했다. 1 더하기 1을 하면 2가 된다는 공식을 만들었다. 그런데 이제는 그 공식이 무너지고 있으며, 그 끝이 어딘지도 불분명하다.

처음 인공지능과 사람이 바둑을 둘 때 사람이 이길 것이라고 예측했다. 바둑은 체스에 비해서 수가 다양하고 바둑을 두는 기사의 창의력에 따라 변수가 있다. 그렇기 때문에 체스는 인공지능이 이길 수 있으나, 바둑은 불가능할 것으로 예측했다. 그러나 알파고의 등장으로 인간의 체면은 완전히 구겨졌다. 알파고의 개발자들조차 이렇게 빨리 인공지능이 스스로 발전을 거듭할 것이라는 사실은 생각하지 못했다.

이러다가 인공지능 로봇에게 공격 당하는 영화 <터미네이터>가 현실로 일어날지도 모른다는 불안감에 쌓이기도 한다. 이렇게 끝을 모르는 발전을 인간이 주도하려면 어떻게 해야 할까?

앞으로 대부분의 직업이 사라질 것이라고 하는데 그러면 미래를 어떻게 준비해야 할까? 전문가들이 쏟아내는 전망들은 과연 얼마나 신빙성이 있을까? 과거 전문가들의 예측을 한번 보자.

"스팸 메일은 2년 이내에 소멸한다."

_미국 마이크로소프트 창업자 빌 게이츠, 2004년

필터 기능으로 스팸을 걸러낼 것이라고 장담했지만, 막대한 스팸 메일에 지금도 고통받고 있다는 사실은 당신도 매일 느낄 것이다.

"웹사이트가 신문을 대체할 일은 없다."

_ <뉴스위크>, 1995년

<뉴스위크>는 광고 수입의 하락으로 적자 경영에 빠졌으며, 2010년에 겨우 1달러에 매각되었다.

"웹에서 쇼핑하는 사람은 없을 것이다."

_ <뉴스위크>, 1995년

인터넷에서는 안심하고 입금할 수 있는 방법이 없다. 설령 있다 하더라도 인터넷에는 점원의 접객이라는, 자본주의의 가장 중요한 요소가 빠져 있어서 웹에서의 쇼핑은 성공하지 못할 것이라고 전문가들은 예상했다. 그러나 이미 온라인 쇼핑은 대세가 되었으며, 오프라인 매장들은 속속 문을 닫는 형국이다.

고로 전문가들이 4차 산업혁명에 대해 쏟아내는 전망들도 그리 믿을 것이 되지 못한다는 것이 나의 주장이다. 다만 확실한 것은 이것뿐이다.

"어떻게 변화할지 확실히 모른다."

불확실한 상황을 극복하는 확실한 방법

앞에서 나는 지난 1월 달에 삼성 사장단 강의를 했다고 말했다. 강의 제목이 기억나는가? '수평적 사고를 활용한 소통의 기술'이다.

탈고를 하는 지금 이 시간, 그 그룹의 회장은 병원에, 부회장은 구치소에 있다. 강의를 할 때도 그 그룹은 최순실과 관련된 재판으로 인해 어수선한 분위기였다. 한마디로 그룹의 앞날을 한 치 앞도 바라볼 수 없던 때였다. 그런데 왜 그룹에서는 '수평적 사고'에 대한 강의를 해달라고 했을까? 그 후 왜 많은 계열사가 나의 수평적 강의를 듣겠다고 요청을 하는 것일까?

잠시 생각에 잠겨보자. 당신은 밤길을 걷고 있다. 가로등도 없는 캄캄한 길이다. 그런데 재수 없게도 맨홀 뚜껑이 열려 있어 하수구에 빠져버린다. 주머니에는 라이터도 없고, 빛을 밝혀줄 스마트폰도 없다. 단지 당신 손의 감각만으로 이 구렁텅이에서 빠져나가야만 한다. 당신은 이런 위기상황에서 어떻게 탈출할 것인가?

방금 전 빠진 구멍을 향해 허공으로 손을 휘저으며 살려달라고 소리칠 것인가? 옆의 벽면을 손으로 짚으면서 뚫린 구멍을 찾아 탈출할 것인가? 아니면 모든 것을 포기하고 그 자리에 앉아 훌쩍이고 있을 것인가?

똑똑한 당신은 내가 무슨 말을 하는지 금방 이해했을 것이다. 수직적 사고와 수평적 사고를 알기 쉽게 설명하려고 한다는 것을. 우리는 상하관계에 익숙한 사회에서 태어나 그런 교육을 받으며 지금까지 살아왔다. 말에도 존댓말이 있고, 호칭에도 높임이 있다. 어느 조직이나 상하관계와 서열이 존재하며, 싸울 때도 처음 하는 말이 "너 몇 살이야?"인 사회다. 그러다 보니 문제 해결을 위해서도 상하 수직적인 사고만 한다.

"위에서 까라면 까는 거야. 괜히 토 달지 말라고."

대통령이 바뀌니까 공무원들의 업무 태도가 바뀌었다. 같은 공무원이 맞나 싶을 정도로 모습이 확 바뀌었다. 역시 윗사람이 시키면 시키는 대로 하는 사람들이 공무원이란 생각이 들었다.

그래서 4차 산업혁명의 시대가 되면 가장 많이, 가장 빨리 없어질 직업이 바로 공무원일 것이다. 수직적 사고에서 수평적 사고로 바뀌려면 가장 변해야 할 것이 평등한 민주적 사고와 태도이다. 4차 산업혁명이 본격적으로 시작되면 꼰대들도 사라질 것이다. 나이를 먹어도 꼰대 소리 듣지 않아야 살아남는다. 아니면 버려진다. 그러면 넌 뭐할 꼰대?

캄캄한 하수구에서 빠져나오려면 손으로 벽면을 몇 번 짚어보는 것만으로는 불가능하다. 자꾸자꾸 두들겨야 한다. 실망하지 말고, 포기하지 말고 두들겨야 한다. '두드려라, 그러면 열릴 것이다'라는 말을 믿고 될 때까지 해야 한다. 그러면 허술한 벽이 두들김에 의해 무너질지도 모른다. 고로 불확실할 때는 지치지 않고, 될 때까지 해보는 것이 장땡이다. 그렇다면 이런 힘은 어디서 나올까? 긍정의 힘과 넘어져도 다시 일어서는 회복 탄력성이다. 이것을 키워주는 에너지를 우리는 이미 몸 안에 갖고 태어났다. 그것이 바로 '유머'이다.

4차 산업혁명의 시대, 유머 교육부터

우리도 듣고 자랐고, 자녀들에게 진리처럼 말해주는 말들이 있다. 과연 그런 진리가 4차 산업혁명의 시대에도 통할까? 이제는 통하지 않는 구시대의 진리가 있다.

"책 속에 길이 있다. 성공하려면 책을 봐라."

책 한 권을 읽지 않고도 성공한 사람이 의외로 많다. 책에서 얻을 수 있는 지식들을 책이 아닌 곳에서 얻을 수 있다면 꼭 책을 안 봐도 된다.

"좋은 대학에 들어가. 대학 졸업장이 인생을 바꿔놓을 거야."

이 말은 불변의 진리였으나, 이제 슬슬 틀린 말이 되고 있다. 성적이 좋아야 좋은 직장을 얻을 수 있던 시대에나 맞는 말이다. 하지만 이제 그런 직장, 직업이 사라지는 시대인데 좋은 성적이 뭐가 필요하겠는가. 하나의 전공으로 평생 먹고 살던 시대에나 맞는 말일 것이다. 하지만 평생 5~8가지 직업을 바꿔야 하는 시대에는 졸업장이 중요한 것이 아니라, 변화에 대처하는 빠른 적응력이 더 중요하다.

"사 자 붙으면 평생 먹고 사는 데 지장 없어."

의사, 변호사, 검사, 판사…. 그러나 '사' 자들이 4차 산업혁명에도 살아남을까? 의료사고 없이 진단하고 수술하는 로봇이 등장한다면 의사의 입지는 좁아질 것이다. 지은 죄에 따라서 정확하게 판결을 내리는 인공지능 법조인이 나온다면, 늘어났다, 줄었다를 반복하는 고무줄처럼 형량을 갖고 장난치는 검사나 판사는 사라질 것이다.

"우리나라에서 기본 소득제는 불가능해."

모든 국민에게 일정한 돈을 국가가 지불해서 복지를 해결하는 '기본 소득제'. 성남시에서 비슷한 발상으로 청년들에게 매년 일정 금액을 주는 청년배당을 실시했는데, 나라가 망할 것처럼 반대했다. 그러나 4차 산업혁명의 시대에는 복지를 위해 기본 소득제를 실시하지 않을 수 없다. 수만 명이 고용되어 일하던 공장이 불과 몇 명의 사람으로 운영된다면 일자리를 잃은 사람들은 구매 능력이 떨어진다. 만들어진 상품을 소비할 돈이 없다. 그러면 어쩔 수 없이 국민들에게 돈을 나눠줘야 하는 시대가 올 수밖에 없다.

"영어만 잘해도 먹고 산다. 너도 빨리 유학을 가라니까."

언어를 배우지 않고도 외국인 간에 의사소통이 될 날은 의외로 빨리 다가올 것이다. 우리가 영어에 쏟아부은 돈의 10분의 1, 영어를 배우는 데 투자한 시간의 100분의 1만 이 교육에 투자해도 아이들의 미래가 달라진다. 바로 유머 교육이다. 왜냐고? 4차 산업은 가상세계와 현실세계가 결합하여 이전에 없던 새로운 직업과 산업이 탄생할 것이다.

고로 수직적 사고보다 수평적 사고를 하는 사람이 유리할 것이다. 수평적 사고는 끊임없는 도전과 창의적 아이디어가 필요하다. 그것을 이 끌어내는 데 가장 필요한 것이 바로 유머 감각이다. 고로 4차 산업혁명의 시대를 맞이할 우리 자녀들에게 가장 시급한 교육은 유머 감각이라는 것이 결론이다.

"우리 회사는 이제 문을 닫아야 합니다. 그동안 수고하셨어요."
"앞으로 이런 기술은 필요가 없어요. 더 이상 출근하지 마세요."
"이 자격증은 더 이상 소용이 없습니다. 정말 미안합니다."
이런 말을 들었을 때 유머 감각이 있는 사람이라면 현명하게 대처할 것이다.
"괜찮아요. 어차피 저는 맡겨진 일을 하던 청지기였는걸요. 또 다른 일을 찾으면 됩니다. 그나마 다행이에요. 복지가 잘 되어 있어서 다른 일을 찾을 때까지 생활비와 교육비가 나오잖아요. 복지가 쓸데없는 돈 낭비라고 하던 대통령이 물러나서 잘됐어요. 새로운 기술을 배울 때까지 아르바이트를 해야 할 것 같은데, 최저 임금이 1만 원이 넘는 게 더더욱 다행이네요."

어떤 상황에도 웃어넘길 수 있는 유머형 인간, 4차원의 또라이들이 4차 산업혁명의 역군이 될 것이다.

재미있는 슬로건으로 분위기를 확 띄워봐!

혹시 누군가에게서 받은 선물 중에 포장도 뜯지 않고 한쪽 구석에 처박아둔 선물은 없는가? 그리고 혹시 이 선물을 다른 사람에게 다시 선물한 경험은 없는가? 미국 샌디에이고의 한 신문사가 조사를 했더니 52퍼센트의 사람들이 그런 경험이 있다고 한다. 솔직히 고백하자면 나도 그런 경험이 있다.

지난 연말에 미국에 다녀왔는데 사우스웨스트 항공사의 비행기를 타고 가다가 웃음을 참느라고 혼이 난 적이 있다. 비행기에서 사용하는 냅킨에 이런 글귀가 쓰여 있었기 때문이다.

The Gift that will never be re-gifted

다른 사람에게 다시 포장해서 주고 싶지 않은 선물, 사우스웨스트 상품권

얼마나 좋은 선물이면 자신이 받은 다음 절대 남에게 주고 싶지 않겠는가. 사람의 미묘한 심리를 자극하는 아주 재미있는 광고 카피다. 열 마디의 설명보다 한마디의 표어가 이처럼 강력한 법이다.

Chapter 07

사람은
왜 웃을까

—

철학자 아리스토텔레스는 우리가 웃는 이유를 '우월감' 때문이라고 정의했다. 말쑥한 양복차림의 사장이 무대 위 계단을 오르다가 넘어졌을 때, 사람들은 웃는다.

'사장, 잘난 척하더니만…. 나 같으면 안 넘어질 텐데….'

이런 우월감 때문에 웃는다는 것이다. 코미디 프로그램에 영구, 맹구, 짱구, Mr. 빈 등의 바보 캐릭터가 끊임없이 등장하는 이유도 바로 이 때문이다. 그러나 아리스토텔레스는 타인의 불행을 보고 웃는 건 잘못이니까, 웃음을 억제해야 한다고 주장했다.

한편 프로이트는 억압된 자아가 긴장을 해소하기 위해 웃는다는 '해소론'을 주장했다. 사장이 무대에 오르는 순간에 긴장지수가 쫙 올라가

다가 갑자기 그가 넘어지면서 긴장감이 풀어지니까 웃음이 나온다는 것이다. 그래서 프로이트는 유머도 꿈처럼 사회적인 규범에 갇힌 사람들의 생각을 풀어주는 위안이 된다고 주장했다.

칸트는 '부조화론'을 주장했다. 머릿속 개념과 실체 사이의 부조화가 웃음을 일으킨다는 것이다. 사장이 정상적으로 계단에 오를 것이라고 기대했는데, 넘어짐으로써 생긴 부조화 때문에 웃음이 터진다는 것이다. 우리가 찰리 채플린의 커다란 신발과 우스꽝스런 걸음걸이만 봐도 웃음이 터지는 것은 바로 그런 부조화 때문이다.

철학자 베르그송이 주장한 '사회론'이라는 것도 있다. 사장의 실수에 대해 우리가 웃는 것은 우월감도, 부조화론도 아니다. 즉 사장이 순간적으로 현실 적응력을 잃었기 때문에 그 모습이 사람들에게 웃음을 일으킨다는 것이다. 즉 사회적인 이탈 현상이 있을 때 웃음거리가 된다는 주장이다.

당신은 누구의 주장이 옳다고 생각하는가? 솔직히 난 '사람들이 왜 웃는지'는 별로 중요하지 않다고 생각한다. '내'가 왜 웃는지가 더 중요하다. 나는 다음 두 가지 경우에 웃는다.

"웃고 싶을 때와 웃고 싶지 않을 때!"

웃고 싶을 때 웃는 건 누구나 할 수 있는 타고난 능력이다. 물리적 힘에 의해 세상 밖으로 밀려나오는 순간 아기들은 운다. 하지만 얼마 지나지 않아 환하게 웃는 얼굴을 한다. 아기들의 웃는 모습은 누구에게 배워서 되는 게 아니다. 그야말로 선천적인 능력이다.

나의 타고난 유머 감각은 어머니로부터 물려받은 게 분명하다. 처음 태어났을 때 어머니는 이 모양 이 꼴로 생겨먹은 내 얼굴을 보고도 환하게 웃으셨다고 한다. 그래서인지 자라면서도 난 웃음이 좀 헤펐다. 나만 웃을 수 없어서 다른 사람까지 웃겨주는 개구쟁이, 까불이, 오락부장의 역할은 언제나 내 몫이었다. 그러나 산다는 게 웃을 수만은 없다는 걸 깨닫는 순간, 웃을 일이 있어도 괜히 근엄한 표정을 짓는 '어른 병'에 걸리고 말았다. 어른이 되고 난 다음에는 웃고 싶지 않을 때도 때로는 웃어야 한다는 걸 배웠다. 일명 사회적 웃음을….

일단 유머의 내면으로 접근하기 전에 관련 단어들에 대한 정의가 필요하다. 우리는 언어로 사고하기 때문에 단어의 양과 정확도에 따라 이해력이 결정되기 때문이다.

웃음은 무엇인가

웃음은 횡격막의 짧고 빠른 단속적斷續的인 경련적 수축을 수반하는 깊은 흡기吸氣로부터 생긴다. 배를 움켜잡고 웃을 때는 몸이 흔들리기 때문에 머리는 앞뒤로 끄덕여지고, 아래턱이 상하로 흔들리며…. 뭔 소린지 잘 모르겠다.

웃음은 위에 있는(웃) 소리(음)다. 모든 소리 가운데 가장 높은 데서 나는 소리, 최고로 듣기 좋은 소리란 뜻이다. 그래서 이런 말도 있지 않는가. 천사는 자꾸 웃어서 가벼워지기에 날아다닐 수 있다고.

유머란 무엇인가

익살, 해학, 기분, 기질로 번역되며 프랑스어로는 위무르Humour, 독일어로는 후모르Humor라고 한다. 본래는 고대 생리학에서 인간의 체내를 흐르는 혈액, 점액, 담즙, 흑담즙 등 4종류의 체액을 의미하였다. 당시에는 이들 체액의 배합 정도가 사람의 체질이나 성질을 결정한다고 생각했다. 나아가 이 말은 기질, 기분, 변덕스러움 등을 뜻하게 되었다. 후에 다시 바뀌어 인간의 행동, 언어, 문장 등이 갖는 웃음이라는 의미, 그리고 그러한 웃음을 인식하거나 표현하는 능력까지 뜻하게 되었다.

비슷한 말로 위트Wit(기지)가 있는데, 똑같이 웃음을 인식하고 표현한 말이다. 하지만 위트가 순수하게 지적知的 능력인 데 반해, 유머는 그 웃음의 대상에 동정을 수반하는 정적情的인 작용을 포함하고 있다. 그렇기 때문에 그만큼 인간이 지닌 숙명적인 슬픔을 느끼게 하는 큰 특색이 있다. 뭔 소린지 더욱 이해가 안 되겠지만, 그래도 이해를 하고 넘어가야 다음 장으로 넘어갈 수 있다.

웃음을 터지게 만드는 방법은 크게 세 가지가 있다. '위트', '코믹', '유머'가 그것이다. 각각의 초강력 다이너마이트가 터지는 순간 웃음이 빵 터지는 것이다.

· '위트'는 기지

위트는 기지라고 할 수 있는데, 임기응변이라고 생각하면 된다.

영국 국회에서 있었던 일이다. 한 야당의원이 보건부 장관에게 이렇게 말했다.

"당신은 수의사 출신이잖아. 사람 건강에 대해 뭘 안다고 떠들어?"

그러자 보건부 장관은 이렇게 말했다.

"네, 저는 수의사 출신입니다. 아프면 언제든지 찾아오세요."

· '코믹'은 골계

코믹Comic은 골계滑稽라고 표현할 수 있는데, 요즘은 잘 사용하지 않는 단어라서 좀 어렵게 느껴질 수도 있다. 그래서 그냥 코미디라는 단어를 많이 쓰는 것이다.

그럼 여기서 잠깐! 코미디와 개그는 어떻게 다른 것일까? 사실 개그는 '연극, 영화, 텔레비전 등에서 관객을 웃기기 위해 끼워 넣는 즉흥적인 대사나 몸짓'을 말한다. 우리나라는 1970년대 초에 전유성, 최미나, 임성훈 씨 등 대학생 출신의 방송인들이 방송에 출연하면서 이전 세대 희극인들과 차별화하기 위해 붙인 이름이다. 그러니까 외국인들에게 '개그맨'이라고 말해봤자 못 알아듣는다.

RE 유머가 이긴다

그래서 영어 잘하는 개그맨 김영철 씨가 외국 공항에서 "I am a Korean gagman(나는 한국 개그맨이다)"이라고 말했다가 "What?"이란 말밖에 듣지 못했던 것이다. '개그우먼'도 웃기는 말이다. 코미디언이 정확한 표현이다.

코믹은 현재 영화, 방송 등 모든 분야에서 웃음을 만들기 위해 가장 많이 사용되는 방법이다. 슬랩스틱이나 간단한 대사로 웃기는 조크, PUN(펀) 등으로 웃기는 방법이 모두 '코믹'한 것이다.

· '유머'는 해학

마지막으로 유머Humor는 해학諧謔이다. 유머가 만드는 웃음은 위트나 코믹이 만드는 웃음과 달리 상대를 이해하고 포용하는 데서 나오는 고차원적인 웃음이다. 그래서 참된 유머는 높은 수양과 종교적 경지에 도달했을 때 가능하다.

1930년대 일본 수상을 지낸 이누가이는 한쪽 눈을 잃은 장애인이었다. 외교부 장관으로 재임하던 시절 중의원에서 연설을 했는데, 한 야당의원이 "당신은 한쪽 눈밖에 없는데 어떻게 세상 돌아가는 걸 아시겠소?"라고 말했다.

그러자 이누가이는 이렇게 대답했다.

"의원님께서는 일목요연一目瞭然(한눈에 훤히 알다)이라는 말을 모르십니까?"

우리가 앞으로 이야기할 유머는 위트, 코믹, 유머가 합쳐진 넓은 의미의 유머이다. 그러나 진정한 유머리스트가 되려면 가급적 따스한 마음으로 상대의 아픔까지 감싸주는 유머를 하도록 노력해야 한다. 유머는 상대에 대한 배려에서 출발한다. 칼로 베려는 게 아니라 팔베개를 해주는 아름다운 마음이다.

대머리로 고생하는 사람에게는 이런 배려 있는 유머를 해보라.

"○○씨는 어릴 때부터 선생님이 참 예뻐하셨나 봐요. 하도 머리를 쓰다듬어주셔서서 머리가 빠지셨죠? 하하하…."

오히려 기분이 더 나빠질지도 모르겠다. 그냥 이런 유머는 하지 않는게 좋겠다.

웃음은 하늘로부터 온 선물이다. 선물을 받고 포장을 뜯지 않고 놔두면 도로 뺏기게 된다. 하늘에서 온 선물인 웃음은 그냥 '하하하' 웃으면되는 거다. 그리고 유머는 내가 남에게 주는 선물이다. 선물을 받을 때좋은가, 줄 때 좋은가? 받을 때 좋다고 말하는 사람은 아직도 유아기를못 벗어난 것이다. 선물을 해보라. 정성껏 준비하고 포장해서 사랑하는사람에게 주면 너무 기뻐한다. 그리고 그 모습을 보면 내가 더 기쁘다. 아참, 뇌물은 반대다. 싫은 사람에게 주고, 주면서도 기분 더럽고….

기억하라! 웃음은 하늘의 선물이고, 유머는 내가 남에게 주는 선물이다!

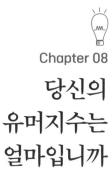

Chapter 08

당신의
유머지수는
얼마입니까

ㅡ

　드디어 생애 최초로 당신의 유머지수를 측정하는 순간이 왔다. 올레, 신난다! 아니, 신나지 않는가? 자신의 유머지수를 알아야 거기에 맞는 유머를 준비하고 연습하고 활용할 수 있다. 그렇기 때문에 자신의 점수를 정확히 아는 건 무척 중요한 일이다. 우선 당신의 유머 타입을 파악해보자.

　다음 20문항을 보고 '예' 혹은 '아니오'에 동그라미를 쳐보자. 다 하고 나면 '예'라고 대답한 항목이 몇 개인지 체크해보자.

당신의 유머 타입은?

1. 모르는 사람에게 쉽게 먼저 말을 건다. (예 | 아니오)

2. '남자가 임신을 한다면?', '나무가 말을 한다면?' 같은 이상하고 엉뚱한 상상을 자주한다. (예 | 아니오)

3. 장례식에 가서 웃음이 나오는 걸 억지로 참은 적이 있다. (예 | 아니오)

4. 지하철 잡상인, 노점상의 이야기와 상품에 관심이 많다. (예 | 아니오)

5. 학창시절 집에 돌아오면 부모님께 학교생활에 대해서 자주 이야기를 했다.

   (예 | 아니오)

6. 끝말잇기를 잘한다. (예 | 아니오)

7. 가위바위보를 하면 주로 이기는 쪽이다. (예 | 아니오)

8. 주변 사람들에게 조언을 많이 해준다. 잔소리가 아니다. (예 | 아니오)

9. 부모님 중에 웃기는 이야기를 잘하는 분이 있다. (예 | 아니오)

10. 횡단보도의 파란불이 깜빡이면 기다렸다 다음 신호에 건넌다. (예 | 아니오)

11. 가장 창피했던 순간도 남에게 이야기할 수 있다. (예 | 아니오)

12. 개그 프로그램이나 오락 프로그램을 일주일에 1번 이상 본다. (예 | 아니오)

13. 신문이나 인터넷에서 본 조크를 외워서 남에게 사용해본 적이 있다.

    (예 | 아니오)

14. 유명 스타나 정치인의 성대모사를 따라 해본 적이 있다. (예 | 아니오)

15. TV를 보면서 혼잣말을 하거나, 다음 대사를 혼자 예상해보기도 한다.

(예 | 아니오)

16. 자신이 본 영화나 드라마를 다른 사람에게 이야기하는 것을 좋아한다.

(예 | 아니오)

17. 엘리베이터의 거울을 보면서 혼자 빙그레 웃은 적이 있다. (예 | 아니오)

18. 한 달에 5권 이상의 책을 사거나 읽는다. (예 | 아니오)

19. 일기를 쓰거나 다이어리를 활용한다. (예 | 아니오)

20. 휴대전화 문자 메시지를 하루에 20개 이상 주고받는다. (예 | 아니오)

'예'라고 답한 문항이 몇 개인지 확인한 후 다음 결과를 보자.

> 20~17개 : 축하합니다. 이미 당신은 유머리스트입니다.
>
> 16~12개 : 가능성이 충분합니다. 예비 유머리스트!
>
> 11~7개 : 갈 길이 좀 멀군요.
>
> 6~0개 : 음…. 그러나 함께 노력해보죠.

좀 더 구체적으로 당신의 상태를 분석해보자. 1번부터 10번까지는 선천적인 재능, 11번부터 20번까지는 후천적인 노력이라고 보면 된다. 다시 한 번 세어보자. '예'가 1~10번에서는 몇 개이고, 11~20번에서는 몇 개인가? 다음의 표에 적어보자.

선천적 재능Talent 1~10번까지	후천적 노력Effort 11~20번까지
개	개

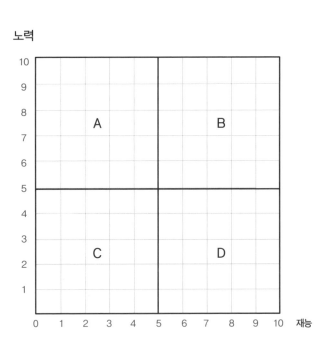

유형	재능	노력
A형(Again)	×	○
B형(Best)	○	○
C형(Can)	×	×
D형(Dead)	○	×

이 그래프와 표를 보고 자신이 A, B, C, D 중 어느 유형인지 확인하라. 각 유형의 특징은 다음과 같다.

- A형Again : 선천적 능력은 떨어지지만 후천적으로 노력을 많이 하는 사람
- B형Best : 선천적 능력과 후천적 노력 모두 높은 사람
- C형Can : 선천적 능력도 떨어지고 후천적 노력도 안 하는 사람
- D형Dead : 선천적 능력은 좋지만 후천적으로 노력을 안 하는 사람

A형은 노력하면 충분히 가능성이 있는 사람이다. 어게인Again, 다시 시작하라! B형은 베스트Best, 유머지수 최고다. 그러나 자만하지 말고 끊임없는 노력이 필요하다. C형은 말 그대로 캔Can, 깡통이다. 그러나 'Can'은 '할 수 있다'라는 뜻도 있으니까 더욱 노력해야 한다. D형은 데드Dead, 한마디로 죽었다. 최악이다. 선천적 재능이 있는데도 노력을 안 하는 아주 나쁜 사람이다. 하지만 이런 사람은 조금만 노력하면 수직상승할 수 있다.

유머 타입을 파악했다면, 이번에는 당신의 유머지수를 체크해보자. 우선 손에 든 것을 모두 내려놓기 바란다. 읽고 있는 이 책도 책상이나 무릎 위에 펴놓고, 눈으로만 글을 읽으며 다음 지시대로 따라 하라.

1. 양손을 어깨 위로 들어보자. 너무 높이 들면 벌 서는 줄 아니까 어깨 높이만큼 들면 된다.

2. 양손 다 주먹을 꽉 쥔다.

3. 오른손은 선천적으로 내가 갖고 태어난 유머지수다. 그러니까 타고난 유머 감각이 있는 사람은 손가락을 다 펴고, 하나도 없으면 그냥 주먹을 꽉 쥔 상태를 유지한다. 손가락 개수로 자신의 선천적 유머 감각을 나타내는 것이다.

4. 왼손은 후천적 유머지수다. 그러니까 후천적으로 노력을 많이 하는 사람은 손가락을 다 펴고, 평소에 아무런 노력도 안 하면 주먹을 꽉 쥔다. 마찬가지로 손가락 개수로 자신의 노력 상태를 나타낸다.

5. 양손에 편 손가락의 개수를 다 합하면 그것이 바로 당신의 유머지수다!

자신감으로 주도하라

우와~ 난리가 났네! 손가락 모양이 각양각색, 총 천연색, 파노라마, 오합지졸…. 내가 원했던 손 모양은 양손을 모두 활짝 편 것이다. 솔직히 선천적으로 유머 감각을 얼마나 갖고 태어났는지 스스로 알 수 있을까? 없다. 절대 모른다. 그런데 왜 활짝 펴지 못하는가?

'선천적으로 난 2개뿐이야…'라고 생각하는 사람은 후천적으로도 2개밖에 노력하지 않는다. 다 갖고 태어났다고 생각하는 사람은 노력도 많이 한다.

이게 바로 자신감이다. '난 타고난 유머 감각이 없어'라고 생각한 사람은 노력도 안 한다. 그런데 알고 보니 그 사람의 선천적 유머 감각은 50퍼센트, 그래서 결국 최종 유머지수는 50퍼센트다(50퍼센트+0퍼센트=50퍼센트).

그러나 '난 유머 감각을 타고 났어'라고 자신 있게 생각하는 사람은 노력도 최대로 한다. 그런데 알고 보니 그 사람의 선천적 유머 감각은 30퍼센트였다. 그래도 그 사람의 최종 유머지수는 80퍼센트나 된다(30퍼센트+50퍼센트=80퍼센트).

이제부터 선천적으로 충분히 유머 감각을 가지고 태어났다고 자신 있게 말하라. 유머 수업의 첫걸음은 바로 자신감에서 출발한다.

말 잘하고 웃기는 MC 김제동 씨, 그가 태어났을 때 처음 한 말이 뭘까? "아, 응애~예요."

그렇다면 당신은? 마찬가지다. "아, 응애~예요."

말 잘하는 김제동 씨라고 태어나자마자, 엉덩이를 때리는 의사 선생님에게 "호호호, 이거 생일빵인가요?" 하고 웃겼던 것은 아니다.

유머와 연봉은 비례한다

<하버드 비즈니스 리뷰Harvard Business Review>에 따르면 능력 있는 임원일수록 적절한 유머를 자주 사용하여 회의 중에 적대감을 해소하고 긴장도를 낮춰 의사소통을 원활하게 한다고 한다.

미국의 한 대형 식음료회사에 근무하는 20명의 남성 임원을 대상으로 조사를 했다. 절반은 '뛰어난' 임원, 나머지 절반은 '평범한' 임원이다. 각자 2~3시간 정도 인터뷰를 하면서 이들이 사용한 '유머성 발언'의 빈도수를 측정했다. 평범한 임원은 시간당 7.5회의 유머성 발언을 한데 비해, 뛰어난 임원은 2배 이상 많은 시간당 17.8회의 유머성 발언을 했다. 특히 연봉은 그들이 사용한 유머의 횟수와 비례했다.

놀랍지 않은가? 이 조사는, 다시 말해 유머 감각이 뛰어날수록 월급 봉투도 두둑해진다는 말이다. 물론 예외는 있다. 회의를 했다 하면 하루 종일, 중간에 화장실 가는 것도 눈치가 보여서 회의가 있는 날에는 임원들이 물도 안 마신다는 회사도 있다. 솔직히 그 회사는 돈이 제일 많다. 하지만 '올레~'를 외치는 회사를 따라잡으려면 딱딱한 기업문화부터 하루빨리 바꾸어야 한다. 창의성을 외치는 회사들이 대부분 가장 창의적이지 않다는 사실은 참 아이러니다. 유머는 유연성이고, 창의력은 유연함에서 나온다는 것을 생각할 때 웃으면서 회의하는 회사가 성공하리란 사실은 분명하다. 그럼 어떻게 회의를 재미있게 진행할 수 있을 것인가? MEETING(미팅)을 생각하라.

유연한 회의 진행을 위한 MEETING

M(Main Issue) : 메인 이슈를 확실히 잡아라

회의가 산으로 가는 경우가 많다. 회의 주제를 잊었을 때 나타나는 현상이다. 회의를 시작할 때 제일 먼저 메인 이슈를 확실히 알려야 한다. 다음과 같은 오프닝 조크를 통해 확실하게 각인시키는 것이 좋다.

한 남자가 목사님께 물었습니다.
"담배 피우면 천국에 못 가나요?"
그랬더니 목사님이 이렇게 말했다.
"아닙니다. 오히려 빨리 갈 수 있습니다."
오늘은 건물 내 흡연문제에 대해 토의해볼까 합니다.

오늘 회의주제는 여러분이 깔고 앉아계십니다. 한번 의자 밑을 보세요. (의자 밑에 붙여놓은 종이를 펴보며) '원가절감'. 그렇습니다. 이미 내릴 때까지 내렸다고 생각하시겠지만 다시 한번 아래의 숨겨진 곳을 보면 절약할 곳을 찾을 수 있을 것입니다.

일본에서 가장 마음이 약한 자매 이름이 뭔지 아세요? '우짜꼬, 우야꼬' 자매입니다. 오늘은 일본 소비자들의 마음을 어떻게 열 수 있을지 생각해봅시다.

'인천앞바다'의 반대말이 뭘까요? 정답은 '인천엄마다.' 우리 회사가 인천 송도에 건설 중인 아파트에 대해서 토론하죠.

E(Ear) : 귀를 열어 경청하라

회의는 다양한 의견을 듣는 자리다. 가급적 모든 참가자가 발언을 하고 대화를 나눠야 한다. 그런데 일반적으로 회의는 한 사람을 중심으로 부챗살 모양으로 대화가 이뤄지는 경우가 다반사다. 특히 회의를 핑계로 일방적인 훈시나 발표가 이뤄지는 회사가 많다.

이제부터 회의를 주재하는 상사는 가급적 귀를 열고 경청을 하라. 그리고 가급적 질문형으로 말하라.

"새로운 시각이네요. 그런데 한 가지 궁금한 게 있습니다."

"매우 좋은 아이디어 같은데, 이런 부분은 어떻게 해결하죠?"

"탁월한 방법이네요. 만약 그렇게 처리한다면 경쟁사는 어떻게 대응할까요?"

이렇게 긍정적인 피드백과 함께 질문을 한다면 직원들은 더욱 열심히 자신의 의견을 개진할 것이다. 어차피 최종 결정은 당신이 내리는 것이라고 해도, 회의중에 직원들의 다양한 의견을 듣지도 않고 자신만 떠든다면 무슨 소용이 있겠는가.

E(Eating) : 회의 중에는 마시든 먹든 하라

총각의 마음을 연 것은 처녀가 건네준 버들잎 띄운 물 한 바가지였다. 딱딱한 분위기도 씹으면 부드러워진다. 또한 저작운동은 혈액 공급을 촉진하여 뇌를 건강하게 한다. 그리고 긴장될 때도 턱을 움직여 씹으면 심리적인 정화작용이 이뤄진다. 사다리 타기로 과자 사오기를 한 후 회의를 시작하면 어떨까?

T(Team play, 팀 플레이) : 대립되는 의견이 도출되면 팀을 나눠라

의견이 대립되는 딱딱한 분위기의 회의에서 설익은 유머를 사용했다가 오히려 분위기를 망치는 경우가 있다. 이럴 때는 틀을 바꿔보라. 예를 들어 새로운 아이템에 대해 론칭을 할 것이냐, 말 것이냐 하는 의견이 대립된다면 찬반 팀으로 나눠서 팀플레이를 하는 것이다.

게임을 하듯 진행한다면 자연스럽게 활발하고 다양한 의견이 쏟아질 것이다. 유머란 꼭 조크를 통해 남을 웃기는 것만이 전부는 아니다. 신선한 공기처럼 보이지는 않아도 분위기를 바꿔서 웃을 수 있게 하면 되는 것이다. 사우스웨스트 에어라인의 허브 캘러허 회장은 경쟁 항공사와의 항공노선 분쟁에서 '팔씨름'을 제안하여 해결하기도 했다. 회의를 게임처럼, 미팅을 쇼처럼 하라.

I(post-It) : 포스트잇을 활용하라

책상 위에 굴러다니는 포스트잇은 끝까지 쓰는 경우가 없다. 그래서 3M이 돈을 더 많이 벌고 있다는 소문이다. 포스트잇을 이용하면 색다르면서도 버라이어티한 회의 방법이 탄생한다. 예를 들어 자신의 의견을 포스트잇에 적어서 보드에 붙여놓고 하나씩 떼면서 진행하는 방법도 있다. 좋은 건 남기고, 별로인 건 휴지통에 버리면서 진행한다. 보드에 남은 안건은 끝까지 물고 늘어진다. 포스트잇이 사라지는 걸 보면 회의에 가속도가 붙어 의사결정도 점점 빨라지고, 지루함이 줄어드니 아이디어도 풍성해진다.

또 한 가지 예는 색색가지 포스트잇을 이용하는 것이다. 포스트잇 색깔에 따라 진행자가 신호를 보낸다. '초록'은 기존 안건에 찬성하여 아이디어만 더해 말한다. '노랑'은 주의할 점, '빨강'은 무조건 반대되는 이야기만 하는 것이다.

우리나라 사람들은 대체로 회의 중에 반대의견을 적극적으로 말하지 않는다. 누군가의 의견에 반대하면 감정적으로 앙금이 남는 경우가 많다는 걸 경험으로 알기 때문이다. 분명 그 사람이 미워서 반대하는 것이 아닌데도 상대는 그렇게 받아들인다. 그러나 '빨강' 포스트잇을 들고 있을 때는 누구나 반대의견을 말해야 하기 때문에 상처 받는 사람이 없다. 윗사람의 의견에도 반대할 수 있다. 회의를 게임처럼 진행하니까 가능한 것이다. 이 방법은 브레인스토밍 때 사용하면 좋다.

NG : 회의가 NG로 끝나지 않으려면 짧게 하라

마라톤 회의가 필요할 때도 분명 있지만, 대부분 회의는 빨리 끝내는 것이 좋다. 시간을 정해놓고 하라. 데드라인은 죽기 위해 존재하는 것이 아니라, 살기 위한 마지노선이다.

Chapter 09

유머는
창의력의 유모

—

최근 '유머'라든가 '웃음'을 키워드로 삼은 책들이 많이 나오고 있다. 이 책도 그 홍수 속에 떠다니는 신발짝이 될지 신기원이 될지 모르겠지만, 우리 사회가 지금 유머를 필요로 하고 있다는 것은 분명하다. 유머가 국가 경쟁력이라고까지 말하고 있으니 말이다. 그런데 대체 왜 유머가 필요할까?

호주에 '레드 텔레폰 컴퍼니'라는 공중전화 회사가 있었다. 그런데 당시 호주의 공중전화는 시내 통화에 시간 제한이 없어서 한 번 동전을 넣으면 얼마든지 통화를 할 수 있는 시스템이었다. 그래서 한 사람이 길게 통화를 하면 뒤에 기다리고 있는 여러 명의 손님을 놓치곤 했다.

회사는 새로운 대책이 필요했는데, 통화시간을 줄이거나 추가 요금을 부과하는 방법은 사용할 수가 없었다. 왜냐하면 다른 전화 회사들과 경쟁을 해야 하니까. 그래서 레드 텔레폰 컴퍼니는 이런 방법을 썼다. 다량의 납을 집어넣어 수화기를 무겁게 만든 것이다.

"하이, 마이클! 잘 있었니? 응, 나도 잘 있어. 건강도 문제없어. 팔이 좀 아픈 것만 빼고⋯. 우리 그냥 만나서 얘기할까? 오케이."

이렇게 손님들이 빨리빨리 전화를 끊다 보니까 자연히 회사 수익이 올라갔다.

캐나다 푸르덴셜 생명보험사의 CEO 론 바바로는 어느 날 이런 생각을 했다.

'죽고 나서 생명보험을 타면 무슨 소용이지? 계약자가 죽기 전에 왜 생명보험금을 지불하지 않을까?'

생명보험 회사의 CEO가 하기에는 다소 불경스런 상상이었다. 하지만 그의 이런 말도 안 되는 생각은 실제로 '보험금 선지급' 제도로 실현되었다. 불치병을 앓는 사람에게 보험금의 75퍼센트를 미리 지급하게 된 것이다. 이제는 모든 회사가 이 방법을 따라 하고 있다.

대체 이런 창의적인 아이디어는 어디서 나오는 것일까? 창의력 연구의 대가이자, 창의력에 관한 중요한 인사이트를 제공한 사람이 바로 '수평적 사고Lateral Thinking'의 창시자인 에드워드 드 보노다.

창의력 분야의 세계적인 권위자인 그는 《드 보노의 창의력 사전》에서 이렇게 말했다.

"유머는 인간의 두뇌 활동 중 가장 탁월한 활동이다."

유머, 크리에이티브와 통하다

옛날에는 유머를 우습게 봤다. 웃긴다는 건 가볍고 실없는 것으로 생각했다. 그래서 웃긴다는 소리 뒤에 꼭 이런 말이 따라 붙었다.

"웃기고 자빠졌네."

그러나 크리에이티브가 중요해진 요즘에는 180도 달라졌다. 창의적 발상법과 유머 사이에는 떼려야 뗄 수 없는 상관관계가 있기 때문이다.

우리는 태어나고 자라면서 다양한 경험과 교육을 통해 인식의 패턴을 만들어간다. 어릴 적 마당에서 했던 흙장난을 생각해보라. 못이나 막대기로 마당에 홈을 파고 물을 부으면 물은 그 홈을 따라 흘러간다. 지식도 마찬가지다. 어릴 적 머릿속에서 만들어진 인식의 패턴을 따라 주어진 정보가 흘러가며 인식하게 된다.

그래서 조기 교육이 중요하다는 것이다. 인식의 패턴은 한 번 만들어지면 고치기가 매우 어렵다. 아무리 새로운 지식이 입력되더라도 기존의 패턴에서 벗어나지 못하고, 하던 방식 그대로 지식을 인식하려는 경향이 있어서 창의적 아이디어가 뚫고 나오지 못하는 것이다. 그래서 갑자기 콱 막혀 버리는 느낌이 드는 것이다.

새로운 길을 찾기 위해 이리저리 뚫어보려는 노력을 한다. 실패해도 다시 도전하고 또다시 도전한다. 물론 일찍 포기하는 사람도 있지만, 포기하면 아이디어는 나오지 않는다. 포기하지 말고 계속 노력하다 보면 이제까지 보지 못했던 샛길을 발견하게 된다. 그 샛길로 '뻥!' 하고 길이 뚫리는 순간이 바로 아이디어가 '번쩍!' 하고 떠오르는 영감의 순간이다. 유머도 똑같다.

한 남자가 신문에 이런 광고를 냈다.

'아내 구함'

그러자 이틀 만에 300통의 편지가 도착했다. 그런데 편지들의 내용이 모두 똑같았다. 과연 뭐라고 적혀 있었을까?

자, 정답을 생각해보라. 기존에 당신이 갖고 있던 인식의 패턴이 이런 종류의 유머에 익숙하다면 금방 정답을 맞힐 수 있을 것이다. 그러나 유머와는 담을 쌓고 살던 사람이라면 도무지 알 수가 없을 것이다. '대체 왜 나보고 정답을 생각해보라는 거야?' 하며 정답을 맞혀보려는 시도조차 하지 않는다. 그러면 답답해진다. 답답해하지만 말고 길을 찾아보라. 샛길을 찾아보라는 말이다. 모든 문제는 답을 내포하고 있다.

정답은 "제 아내를 데려가세요."

어떤가? 정답을 듣는 순간, '뻥!' 하고 뚫리는 느낌이 들면서 웃음이 빵 터진다. 바로 이것을 '유머의 급소', 영어로는 '펀치라인Punch line'이

RE 유머가 이긴다

라고 한다. 막혔다가 뻥 뚫리는 느낌이 크면 클수록 웃음소리도 더 커진다. 이처럼 유머와 창의력의 기본 구조는 똑같기 때문에 유머를 잘 이해하고 활용하는 사람일수록 창의력이 높아지는 것이다. 그래서 에드워드 드 보노도 '유머가 인간 두뇌 활동 중 가장 탁월한 활동'이라고 말했던 것이다.

복선을 찾으면 빵 터지는 급소가 보인다

다음 유머를 보고 펀치라인, 즉 유머의 급소를 한번 찾아보라.

한 노처녀가 편의점에서 칫솔과 초코파이 그리고 생리대를 계산대에 올려놨다. 그때 뒤에 서 있던 술 취한 아저씨가 이렇게 말했다.
"애인이 없구먼."
아가씨는 자신이 올려놓은 물건을 다시 봤다. 도대체 뭘 보고 이런 말을 할까? 그 이유가 궁금했던 노처녀는 따지듯 물었다.
"도대체 뭘 보고 내가 애인이 없다고 판단하시는 거예요?"
그러자 술 취한 남자는 이렇게 말했다.
"나도 애인 없어요."

책을 뒤집어 보면 정답이 보인다. 뭐든 뒤집으면 웃기는 법이다.

원래 유머는 분석을 하면 재미가 없어지는데 지금은 학습을 위해 어쩔 수 없이 설명을 하는 것이다. 계산대에 올라온 칫솔, 초코파이, 생리대가 남자친구 없는 것과 어떤 관련이 있을까? 생각하면 생각할수록 꽉 막힌 듯 답답하다. 상관관계가 전혀 없으니까.

그렇게 답답해하다가 술 취한 남자의 대답 "못생겼잖아!"라는 말을 들으면 뻥 뚫리는 듯한 쾌감을 느끼고 웃음이 터진다. 이런 펀치라인을 통해 길을 뚫으려면 사전에 샛길을 살며시 보여주는 복선이 필요하다. 복선이 없는 유머는 절대 큰 웃음을 터뜨릴 수 없다.

하지만 통상적으로 '노처녀'라는 표현에는 비혼녀를 외모적으로 비하하는 뉘앙스가 섞여 있게 마련이다. 당신이 화를 내고 있다면 얼굴이 못생겼을 것이다. 이처럼 모든 사람을 웃기는 것은 쉽지 않다.

다시 본론으로 돌아가자. 마지막 펀치라인을 듣는 순간 앞에서 살며시 제시되던 샛길, 복선이 다시 생각나면서 큰 길이 뻥! 하고 뚫리는 것이다.

또 하나의 예를 들어보자.

이건 내가 직접 겪은 실화인데, 유머 강의를 하러 기업체에 가면 조금 일찍 도착해서 사장이나 회장과 티타임을 먼저 갖는 경우가 많다. 그때 경영자의 얼굴이 온화하면 직원들의 얼굴도 활짝 피어 있다. 모 기업의 CEO와 만났는데 얼굴을 거의 조폭 수준으로 찡그리고 있었다. 그분은 이렇게 말했다.

"우리 직원들이 잘 웃지를 않아요. 신 교수님이 많이 웃겨주세요. 허허허."

자신 때문에 못 웃는다는 걸 자신만 모르는 거다. 그런 회사의 강연장에 가보면 사방에 이런 표어가 요란하게 붙어 있다.

'직원을 가족같이'

그런데 몇 달 후에 다시 가보면 '가' 자가 제일 먼저 떨어져 있다. 직원을…. 지금 웃은 사람은 막힌 길도 잘 뚫는 유머와 창의력의 달인이다. 하지만 반대로 '뭐? 그게 뭐가 웃기다는 거지?'라고 생각한 사람은 기존 인식의 패턴대로만 사고하는 바른생활 인간이다. 이래서는 '빵!' 터지는 아이디어가 나올 수 없다.

툭툭 던지는 유머에 창의력이 쑥쑥

어린 아이는 하루에 300번 이상 웃는다는 연구결과가 있다. 성인은 하루에 15번 정도 웃는다고 한다. 그래서 그런지 아이들의 독창성과 창의력은 어른에 비해 수백 배 높다고 한다.

토렌스 박사의 창의력 사고 테스트는 이것을 증명해준다.

질문 : 빈 깡통으로 할 수 있는 것은 무엇일까요?

다음 빈칸에 적어보시오.

어른들은 물을 담는다, 화분으로 쓴다, 요강으로 좋다…. 이렇게 제한적인 아이디어만 내놓는다. 그에 비해서 초등학교 2학년생들의 대답은 다음과 같다.

곤충 놀이터, 개미집, 은행, 인형모자, 바비 인형의 수영장, 전화, 깡통 실로폰, 딱지치기, 샤워꼭지, 전등갓, 개밥그릇, 연필꽂이, 베개, 깡통로봇, 금붕어 어항, 잠 깨울 때 자명종, 구슬 보관함, 새총 과녁, 수채화용 물통, 깡통 차기를 한다, 신발에 껴서 타악기로 쓴다, 녹여서 파워레인저로 변형시킨다.

우리는 웃음을 잃었기 때문에 창의력도 함께 잃어버린은 것 아닐까? 창의력을 높이기 위해 가장 시급한 일은 웃음을 되찾는 것이다.

그래야 사고가 유연해진다. 유머는 창의력을 사랑으로 감싸고 안아주고 돌봐주고 키워주는 유모다. 참고로, 앞에서 빈 깡통으로 할 수 있는 것을 적으라고 했는데, 진짜로 펜을 들고 적어본 사람은 유머 감각이 살아 있는 사람이다. 적어도 어린아이 같은 순진함이 있으니까. 그냥 눈으로만 보고 실천하지 않은 사람은 갈 길이 참 멀다, 휴~.

Chapter 10
반드시 이기는
가위바위보 테크닉

—

가위바위보를 하면 항상 이기는 친구에게 물어봤다.

"어떻게 항상 이길 수 있지?"

"이기고 싶다는 생각을 하고 내봐. 그러면 이길 수 있어."

정답이다. 실제로 2009년 1학기에 서울종합예술학교의 연기과 학생 33명을 대상으로 실험을 해봤다. 모두에게 츄파춥스를 하나씩 주고 가위바위보를 해서 서로의 사탕을 빼앗도록 했다. 잠시 후 모든 사탕은 한 남학생의 차지가 되었다. 그는 과대표였다.

나는 사탕을 제일 먼저 빼앗겼던 여학생에게 물었다.

"넌 어떻게 가위바위보를 냈지?"

RE 유머가 이긴다

"그냥 냈죠."

사탕을 모두 차지한 남학생에게 물었다.

"넌 어떻게 가위바위보를 냈지?"

"이기려고 냈죠."

그렇다! 이기려고 낸 사람에게 그냥 낸 사람은 당할 수가 없다. 나는 제일 먼저 졌던 여학생에게 살며시 다가가서 귓속말로 이렇게 말했다.

"네가 만약에 10명의 학생들과 가위바위보를 해서 전부 다 이긴다면, 이번 학기 성적은 무조건 A⁺이다."

"네? 어떻게 10명을 다 이겨요?"

"방금 봤잖아. 이긴다고 생각하고 자신 있게 내봐."

잠시 후 내 눈으로도 믿지 못할 결과가 펼쳐졌다. 그 여학생이 9명을 연달아 이겨버렸다. 마지막 1명을 이기지 못해 아까워하던 그 여학생이 수업이 끝난 후 문자 메시지를 보냈다.

'비록 A⁺은 놓쳤지만 귀중한 걸 배웠어요. 쌤, 사랑해요.'

평소에 가위바위보를 할 때 항상 진다면 당신도 오늘 당장 점심 내기를 해보라. 이길 수 있다고 생각하면 이길 확률이 정말 높아지니까 말이다. 한 가지 팁을 더 준다면 남자를 상대할 때는 보자기가 유리하다. 남자들은 무의식적으로 주먹을 내는 경우가 많다. 그리고 여성들을 상대할 때는 주먹을 내라. 여자들은 무의식적으로 가위를 내는 경우가 많다. 그리고 가급적 늦게 내라.

아참, 그 여학생은 그 학기에 99점을 받아서 실제로 A⁺를 받았다. 순전히 운이 아닌 자신의 노력으로 점수를 받은 것이다. 당신도 자신감을 갖고 노력한다면 유머를 멋지게 구사할 수 있다. 유머 화술의 테크닉은 가위바위보에 담겨 있으니까.

가위로 잘라내듯 고정관념을 단절하라

'월요일이라 몸이 찌뿌드드하네…. 월요병인가?' 라고 생각하기보다는 '월요일이라 몸이 가뿐하네! 난 원래 그래' 라는 생각으로 고정관념을 잘라 버려라.

'일부일처제는 답답해' 라고 생각하기보다는 '일부일처제는 좋은 제도야. 마누라 하나에 처제 하나 데리고 살면 좋잖아' 라고 생각하는 것도 마찬가지다.

기존에 상투적으로 사용해온 문장에서 단어나 표현을 조금만 바꾸어도 재미있는 유머가 된다. 예를 들어 남자 화장실에 붙어 있는 "한 발짝 앞으로 오세요" 라는 말을 고정관념을 바꿔서 이렇게 표현해보라. "한 발짝 뒤로 가세요. 당신이 장총이라면."

한 여성이 처칠에게 말했다.
"당신 같은 사람이 내 남편이라면 커피에 독을 타겠어요."

그랬더니 처칠은 이렇게 말했다.

"내가 당신 남편이라면 기꺼이 그 커피를 마시겠소."

이것은 고정관념과의 단절을 통해 유연한 사고가 생긴 사람만이 가능한 유머다.

바위처럼 무식한 듯하면서 상대의 예상을 깨뜨려라

요즘 시대 주먹을 사용하면 무식하다는 소릴 듣는다. 그러나 유머 화술의 테크닉은 이렇게 무식해질 때 빛을 발한다.

"손가락이 왜 다섯 개인지 알아?"
"골프 장갑이 맞아야 하잖아."

"항상 그렇게 더듬습니까?"
"아뇨. 말을 할 때만 더… 더… 더듬습니다."

"내가 입을 열며 모두 다쳐."
"그럴 거야. 네 입 냄새가 엄청 심하거든."

"돈 좀 꿔줄래?"

"고맙다. 네 눈에는 아직도 내가 돈이 있어 보이는구나."

대부분의 사람들은 논리적이고 이성적인 것을 진리의 왕도로 생각한다. 그러나 유머는 무식해 보이고 비논리적일 때 길이 뻥~ 뚫린다. 창의성도 마찬가지다. 실제 아이들의 대화를 통해 비논리적인 대화가 얼마나 유머러스하고 창의적인지 보라.

"아빠는 왜 대머리야?"

"응, 생각을 많이 해서 그래."

"그럼 엄마는 왜 그렇게 머리숱이 많아?"

발꿈치를 들고 발레를 하는 모습을 본 아이가 이렇게 말했다.

"엄마, 그냥 키 큰 언니들이 춤추면 안 돼?"

증기기관차를 처음 본 아이가 이렇게 말했다.

"우와~ 기차들이 목욕을 하네!"

나사NASA에서 수억 달러를 들여 무중력 상태에서도 글씨가 써지는 볼펜을 개발할 때, 러시아에서는 연필을 썼다는 얘기는 농담이 아니다. 가장 무식해 보이는 방법이 사실 가장 창의적인 해결책인 경우가 많다.

RE 유머가 이긴다

주위에서 '무식하다', '분위기 파악을 못 한다', '썰렁하다'고 핀잔을 듣는 사람들이 오히려 창의적 사고의 소유자들인 경우가 많다.

확 깨는 소리를 하는 사람도 마찬가지다. 가슴에 계란을 품었던 에디슨과 계란을 깨서 세웠던 콜럼버스 역시 얼마나 '깨는' 사람이었는가?

항복을 표시하는 보

마지막 유머 화술의 테크닉은 보! 손을 활짝 펴는 것은 항복의 의미다. 다 주고 다 잃고 다 포기하고 다 놓아버리면 손을 펴게 되니까. 그러나 세상에는 손을 펴야만 할 수 있는 일도 있다. 상대와 악수를 하고, 누군가를 쓰다듬어 주고, 포옹하고, 박수를 치려면 손을 활짝 펴야 한다. 이처럼 유머는 상대를 안아주고 쓰다듬는 것이다.

어느 동네에 목사가 새로 부임했다. 그런데 그 동네에는 교회와 목사에 대해서 줄창 욕을 하고 다니는 노인이 한 명 있었다. 동네 사람들 중에서 그 노인만 교회에 나가지 않았다. 그 소문을 듣고 목사는 노인을 찾아갔다. 그리고 3시간 동안 노인의 이야기를 듣기만 했다.
"그래요? 아, 네. 그러시군요. 네…."
그 뒤에 그 노인은 이렇게 말을 하고 다녔다.
"새로 온 목사는 사람이 됐어. 괜찮더구먼."

2003년 캘리포니아 주지사 선거에 출마한 아놀드 슈워제네거가 연설을 할 때 한 학생이 계란을 던져 옷과 얼굴이 계란범벅이 됐다. 그때 그는 이렇게 말했다.

"이보게, 친구. 나한테 베이컨도 좀 던져주지 그래?"

계란을 맞고 화를 내야 한다는 고정관념을 깨고(가위), 좀 무디고 무식한 듯(바위) 상대를 쓰다듬고 안아주는(보) 화술이 아놀드 슈워제네거를 캘리포니아 주지사로 만든 것이다.

마지막 보너스!

가위바위보에서 항상 이기는 법을 알고 싶은가?

늦게 내라. 그러면 항상 이긴다. 상대방의 말을 다 듣고 이야기를 하면 항상 이긴다. 대화나 협상, 세일즈, 데이트에서 항상 이기는 방법은 늦게 말하는 것이다.

Chapter 11

당신에게는
유머 검색창이 있는가

—

여기 사과가 한 알 있다. 사과를 보면 가장 먼저 떠오르는 인물은 누구인가?

"우리 엄마! 왜? 사과를 좋아하시니까."

이렇게 본인만 아는 인물 말고 다른 사람도 알 수 있는 인물을 생각해보라. 과연 몇 명이나 떠오르는가? 한 명도 생각이 안 난다면 정말 심각한 수준이다. 자신이 생각한 인물 중에 다음과 같은 사람들이 있는가?

아담과 이브, 아이작 뉴턴, 백설공주, 스티브 잡스, 스피노자, 기무라 아키노리(기적의 사과), 김정은(사과를 들고 나와서 '부자되세요'라고 했던 어느 카드사 CF), 빌헬름 텔….

아, 혹시 로빈 후드를 떠올린 사람은 없는가? 빌헬름 텔과 헷갈린 거다. 서양 사람이고, 말 타고 다니고, 활을 쏘고….

이처럼 누구나 각자 다른 인물들을 떠올렸을 것이다. 사람마다 지식과 정보를 뇌에 저장하는 방법이 다르고, 저장 순서가 다르고, 검색의 우선순위가 다르기 때문에 결과도 각각 다를 수밖에 없다.

뉴턴은 떨어지는 사과를 보고 만유인력을 생각해냈다. 진짜인지 아닌지 확인할 방법은 없지만, 그렇게 배웠으니 일단 그렇게 믿자. 솔직히 사과 떨어지는 건 과수원 주인이 더 많이 봤을 텐데, 왜 만유인력은 과수원 주인이 아니라 뉴턴이 발견한 걸까? 똑같은 사과를 보더라도 머리에서 검색되는 내용이 달랐기 때문이다.

유머리스트의 뇌 구조가 궁금하다

나 같은 코미디 작가나 코미디언들은 일반인과 다른 뇌 구조를 갖고 있다. '유머 검색창'이 뇌에 하나 더 있다. 사과를 하나 보더라도 이걸로 어떻게 웃길까 하는 생각을 먼저 한다.

자, 일단 '사과'라는 키워드를 유머 검색창에 집어넣어 보겠다.

• 사과를 파인애플로 만드는 방법은?

⋯▸ (한 입 베어물고) 파인~ 애플

• 광주리에 사과 10개가 있다. 아침에 3개, 저녁에 3개를 먹으면 몇 개가 남을까?

⋯▸ 정답은 6개. 먹는 게 남는 거니까.

• 이번에는 정답이 2개다.

할머니가 산을 넘고, 또 넘고⋯. 그래서 도착을 했더니 사과나무가 있었다. 과연 이 나무에는 사과가 몇 개 달렸을까?

⋯▸ 정답은 2개. 왜냐고? 아까 정답이 2개라고 했으니까.

• 사람은 사과를 씹어 먹는다. 토끼는 사과를 갉아 먹는다. 그럼 곰은 사과를 어떻게 먹을까?

⋯▸ 베어 먹는다.

안 웃긴가? 미안하다. 하지만 여기서 중요한 것은 이것이다. 당신도 유머리스트가 되고 싶다면, 뇌 속에 '유머 검색창'을 만들어야 한다. 어떤 단어가 입력되어도 0.1초 만에 자동으로 유머가 튀어나와야 한다. 역시 순발력이 생명이다.

유머 검색기능을 상실한 현대인

어릴 땐 누구나 이 유머 검색창이 있었다. 무슨 말을 하더라도 애들은 재미있게 말하니까. 또한 돌멩이 하나만 가지고도 하루 온종일 재미있게 놀았다. 공기놀이, 새총 쏘기, 비석치기, 수제비 뜨기…. 그런데 점점 성인이 될수록 재미있게 말하거나 노는 기능이 사라진다. 대신 어떻게 하면 성적을 올릴까? 돈을 더 많이 벌까? 성공할까? 이런 보조기능만 발달하게 된다. 정작 중요한 것을 잃어버린 것이다.

미국에 가면 성공한 재미동포들이 많다. 베벌리힐스나 팔로스 버디스에 수백만 달러짜리 집도 가지고 있다. 그런 집에는 꼭 근사한 수영장이 있다. 그런데 정작 주인들은 그 수영장에 들어갈 시간이 없다고 한다. 돈 버느라 바빠서 말이다.

대신 수영장을 이용하는 건 멕시코에서 온 가정부들이라고 한다. 청소는 대충하고, 냉장고에서 오렌지 주스를 꺼내 마시며 대형 LCD TV로 드라마도 보고, 수영장에서 선탠도 하고…. 한마디로 팔자가 늘어졌다. 반면 백만장자 주인들은 한밤중에 들어와서 소파에서 한국 비디오나 보다가 대충 쓰러져 잔다. 과연 그 집의 진짜 주인은 누구일까?

누려야 진짜 주인이다. 정말 재미있고 신나고 즐겁게 살려면, 내가 가진 것을 누려야 한다. 왜 고민하고 스트레스 받고 신경 쓰며 사는가? 혹시 '난 더 행복해지기 위해서 이걸 하는 거야…. 그러니까 지금은 참아야 돼.' 이러면서 스스로를 속이고 있는 것은 아닌가? 현재 가진 것만 잘 활용해도 지금 당장 얼마든지 행복할 수 있는데, 왜 먼 길을 돌아가는 가? 자신이 누릴 수 있는 것만이 진정 자신의 것이다.

할아버지가 노인정에서 '원두막'에 대한 삼행시를 들었다.

원 – 원숭이 엉덩이는 빨개

두 – 두 쪽 다 빨개

막 – 막 빨개

할아버지가 집에 돌아와 할머니에게 이 얘기를 해주었다.

"할멈, 내가 웃기는 삼행시를 알려줄게. 운을 띄워봐. 원숭이야!"

"원!"

"원숭이 똥구멍은 빨개."

"숭!"

"숭하게 빨개."

"이!"

"이…. 이게 아닌데…."

이런 사람은 입력기능에 문제가 있는 것이다. 이래서 메모가 필요한 것이다. 적는 사람만 살아남는다. 이 말을 네 자로 줄이면? 적자생존!

기록은 항상 기억을 앞서간다. 적으라. 이순신 장군도 비가 오나, 바람이 부나 일기로 남겼다. 풍랑이 친다고 "낭중에 적자, 낭중에…." 이렇게 미루지는 않으셨다. 그래서 '난중일기'가 됐다는 썰도 있지만, 절대 미루지는 않으셨다.

그리고 연습해보라. 아무리 웃기는 얘기도 처음 할 때는 불안하다. 자꾸 연습을 해야 한다. <개그콘서트>에 방송되는 코너들은 적어도 4일 동안 80번 이상 반복해서 연습한 뒤에 녹화한다. 당신이 개그맨도 아닌데, 그들보다 더 연습을 해야 할 것 아닌가. 100번쯤 연습하라.

아참, 또 한 가지! 처음 유머를 사용할 때 친구나 직장동료를 상대로 하면 안 된다. 썰렁할 경우 왕따 당하기 십상이다. 대신 집에서 가족들을 대상으로 연습하라. 왜냐하면 당신이 썰렁하더라도 가족들은 당신을 왕따시키지는 않을 테니까.

Chapter 12

유머 화술의 기본은
단어 바꾸기

—

지난 해 겨울 미국 파라마운트 영화사의 수석부사장인 지니 한Jeanie Han 씨가 한국을 방문했다. 그녀는 9살 때 가족과 함께 미국으로 이민을 떠나 서던캘리포니아대학에서 비즈니스 마케팅을 전공하고 박사학위Ph. D.를 받았다. 졸업 후 컨설턴트로 일하던 그녀가 현장 실무경험을 쌓기 위해 처음 찾은 곳은 드림웍스였다.

드림웍스는 <슈렉>과 <쿵푸팬더> 등을 제작한 회사인데, 그곳에서 일하다가 수석부사장의 자리까지 올라간 것이다. 아시아인이고 여성이고 게다가 가방끈도 긴 그녀가 영화사에서 발을 붙이기는 쉽지 않았다.

왜냐하면 할리우드에는 학벌이 좋은 사람보다는 바닥부터 올라온 사람이 많았기 때문에, 박사학위 소지자인 그녀에게 다들 차갑게 대했다고 한다.

하루는 'Ph. D.'냐고 빈정대는 사람들에게 그녀는 이렇게 말했다.

"맞아요. 전 Ph. D.예요. 사실 저는 Pizza Hut Delivery(피자헛 배달원)였거든요."

능력도 능력이지만 이런 유머 감각 때문에 그녀는 2005년 드림웍스가 파라마운트사에 인수될 때 정리해고가 아니라, 오히려 수석부사장으로 승진되어 본사로 가게 된 것이다.

'Ph. D.'를 피자헛 배달원으로 바꾸는 기술! 이것이 바로 유머 화술의 기본인 단어 바꾸기다. 우선 이 기술을 활용하려면 머릿속에 저장된 단어의 양이 많아야 한다. 단어의 양을 늘리는 가장 좋은 방법은 책을 많이 읽는 것이다. 그런데 최근 기사를 보니까 우리나라 성인 10명 중 3명은 1년에 단 한 권의 책도 읽지 않는다고 한다.

이 책을 읽는 당신은 적어도 그 어리석은 3명에 속하지 않으니 정말 다행이다. 책을 많이 읽고 단어의 양을 늘려라. 단어를 많이 알아야 표현력이 풍부하고 다양한 비틀기가 가능해진다. 알고 있는 단어의 양이 많은 사람은 다음 문제를 쉽게 푼다.

'ㄱ'으로 시작하는 고사성어 5개를 말해보라.

···› 가인박명, 각주구검, 건곤일척, 결초보은, 경국지색, 공중누각, 과

RE 유머가 이긴다

유불급, 관포지교, 간담상조, 개과천선, 계란유골, 고육지계, 곡학아세, 군계일학, 괄목상대….

이런 고사성어가 술술 나오는 사람은 기초적인 단어도 많이 알고 있다. 단어를 많이 알고 있어야 이것을 비틀어서 유머를 만든다.

- 우유부단이 무슨 뜻인지 알아? '우유제품은 부단히 단속하라.'
- '박명수는 미인과 결혼했다'를 네 글자로 줄이면 '미인박명'
- 전화를 했는데 동전이 쏟아져 나왔다는 '전화위복'
- 노란 무가 무게가 더 나간다는 '황당무계'
- 그 사람이 그 사람이냐를 네 글자로 말하면 '가가가가?'
- 천고마비란 '하늘에 고약한 짓을 하면 몸에 마비가 온다.'

요즘 젊은 사람들이 하는 말장난 중에도 이런 단어 비틀기가 꽤 많다. 예를 들어 이런 것들이다. 무엇이든 물어뜯어 보세요, 대추나무 사람 걸렸네, 센과 치히로의 행방불륜, 신드바드의 보험, 반지하의 제왕, 전국노예자랑, 운도형 밴드, 아기 공룡 둘째, 오즈의 맙소사, 톰과 란제리, 송은이 망극하옵니다, 명란젓 코난, 팁 있는 다방을 신고, 보일러 댁에 아버님 놓아드려야겠어요, 추적 60인분, 시베리안 허숙희, 오드리 햇반, 은하철도 구부려, 사랑방 손님과 어머나, 세상의 중심에서 사람은 왜 치나 등등. 이렇게 단어 바꾸기로 유머를 만들기 위해서는 충분한 양의 단어가 머릿속에 준비돼야 한다는 점을 늘 명심하고 책을 많이 읽기 바란다.

어느 날, 강의가 끝나고 이런 질문을 받았다.
"선생님의 저서를 소개해주세요."
그래서 나는 이렇게 대답했다.
"네, 저는 커피를 저서(저어서) 마셔요."

짜증나는가? 이처럼 유머리스트들은 단어가 입력되면 반사적으로 단어 비틀기가 이뤄진다. 물론 지나치면 사람들이 짜증을 내지만…. 유머 화술의 기본이 이런 단어 바꾸기라는 점을 명심하고 꾸준히 연습하기 바란다.

단어의 순서를 바꿔라

단어의 앞뒤 순서를 바꾸어도 좋은 유머가 탄생한다. '올레OLLEH KT'라는 최고의 광고 카피도 HELLO(헬로)를 뒤집어서 나온 것이다. 다음 평범한 단어를 한번 뒤집어보라.

- 가짜 : 짜가 - 네가 든 명품가방 가짜로 안 보여. 짜가로 보여.
- 대접 : 접대 - 내가 그 사람을 대접하라고? 미쳤냐? 내가 접 때 대

RE 유머가 이긴다

접했잖아.

- 자살 : 살자 - 자살을 왜 하니? 자살 말고 살자.
- 대학 : 학대 - 요즘도 대학에서 술로 학대하니?
- 링컨 : 컨닝 - 링컨은 절대 컨닝 안 했을 거야.
- 가불 : 불가 - 가불을 해달라고? 가불은 불가!
- 수금 : 금수 - 아직도 수금을 안 해줬다고? 금수만도 못한 놈….

PUN(펀), 동음이의어를 이용하라

이번에는 비슷한 소리가 나지만 뜻이 다른 단어, 동음이의어로 유머를 만들어보라. 이것을 영어로는 PUN(펀)이라고 하는데 우리말로는 '말장난'이라고 번역할 수 있다. 예를 들어보겠다. 음…. 얘가 너무 무거워 보이니까 그냥 하겠다.

- 지장 : 지장은 함부로 찍으면 안 돼. 지장이 많아.
- 마누라 : 여보 마누라! 마~ 누워라.
- 막내 : 회사의 막내들은 아이디어를 막 내야 합니다.
- 발기 : 발기인 대회에 갔더니 전부 발기 안 되는 노인네들만 있더라고.
- 배짱 : 개미와 베짱이의 교훈은 배짱으로 살라 이겁니다.

- 병기 - 자네가 우리 회사의 비밀병기가 될 줄 알았네. 그런데 알고 보니 비밀변기야.
- 비데 - 사장님 우리 회사도 비데 설치해주세요. 저처럼 비대한 사람은 비데가 꼭 필요해요.
- 영광 - 하늘에는 영광 땅에는 굴비~.

이 기술을 사용할 때는 주의사항이 있다. 주변 사람들이 당신을 피할수도 있다, 썰렁하다고. 꾸준히 노력하는 당신은 왕따가 될 수 있다. 그래도 지치지 말고 계속 노력하라. 언젠가는 빛을 볼 것이다.

지금은 국민 MC로 거듭난 유재석 씨도 10년간의 무명시절 동안 썰렁한 광야에서의 단련이 있었다는 점을 명심하라.

사고를 뒤집으면 유머가 된다

사고의 발상을 뒤집으면 유머가 된다. 가끔 몸도 물구나무를 서거나 뒤로 걸으면 건강에 좋고, 침대에서도 자세를 뒤집으면 부부관계도 좋아진다. 몇 가지 평범한 생각을 뒤집어 보도록 하자.

- 생일은 내가 선물을 받는 날이다?
  ⋯→ 아니다. 부모님이 낳아주시느라 고생을 하셨으니 부모님께 선물

을 드리는 날이 맞다.

• 내가 개를 훈련시킨다?

⋯ 아니다. 개가 나를 훈련시키는 것 같더라. 때가 되면 딱딱 개밥주고 청소해주고⋯. 아무래도 개가 나를 훈련시키는 것 같다.

• 내가 사장이니까 인사를 받아야 한다?

⋯ 아니다. 먼저 직원들에게 인사를 해보라. 인사는 만사라고 했으니까.

• 부부싸움을 하면 결혼 비디오를 봐라.

⋯ 그러나 그냥 보지 말고 거꾸로 봐라. 신랑신부가 손잡고 식장으로 들어가서 서로 반지 빼주고 각각 따로따로 나오는 걸 보면 기분이 좋아질 것이다.

'소주 만 병만 주소', '다시 합창합시다'는 뒤집어도 똑같다. 그러나 고정관념이나 평범해 보이던 단어를 뒤집으면 안 보이던 것이 보인다. 뒤집어 보라, 그럼 유머가 보인다.

유머력 키우기 2단계 Ⅰ 유머로 창의력을 키운다

슬로건을 재미로 포장하라

어느 회사나 신년이 되면 그해의 염원과 결심을 담아 표어를 가장 잘 보이는 곳에 걸어놓는다. '21세기를 선도하는 기업', '생산성을 두 배로, 수출을 두 배로', '뭉쳐야 산다' 등등. 아직까지 이런 구태의연한 슬로건을 사용하는 회사가 많다. 좀 재미있거나 웃기는 표어를 붙이면 세금이라도 붙나? 유머가 철철 넘치는 사장이 경영하는 주유소는 피곤한 운전자에게 웃음을 준다. 실제로 다음과 같은 표어가 붙어 있는 주유소를 본 적이 있다.

"저희 주유소를 찾아주신 손님, 땡 잡으셨습니다. 주유원이 불친절하나요?
가까운 군부대나 파출소에 신고하세요."

자판기에는 이런 사인이 붙어 있었다.
'맛보면 기절 커피'
식당에 이런 플래카드가 붙어 있는 곳도 봤다.
'KBS MBC SBS에 절대 나오지 않은 식당'
자세히 보니 보신탕 집이었다.

이제 딱딱한 슬로건은 가라. 재미있는 슬로건이 오래 기억되고 효과도 좋다. 1970년대 식의 '하면 된다' '유비무환' 같은 딱딱하고 진부한 표현도 이제 그만! 나이키의 'Just do it(저스트 두 잇)' 같은 슬로건을 보면 나이키 운동복과 신발을 신고 뛰고 싶게 만든다. '침대는 가구가 아니라 과학입니다'라는 광고 역시 침대를 바꾸고 싶게 만든다. '샤넬 넘버 5'를 유명하게 만든 것도 '그녀가 입은 것은 샤넬 넘버 5뿐'이라는 광고 카피 때문이다.

우리도 재미있는 슬로건을 만들고 싶은데 어떻게 하면 될까? 우선 참고가 될 만한 아이디어를 소개하자면 다음과 같다.

• Count on Churchill(카운트 온 처칠) : '처칠을 믿어라'는 뜻이다. 이것은 처칠이라는 생명보험회사에서 내건 슬로건인데, 자기 회사의 이름을 이용했다. 슬로건과 회사를 동시에 기억하게 만드는 방법이다.
우리나라도 SK가 이런 슬로건을 썼었다. '고객이 OK 할 때까지 SK.' 마찬가지로 유명 배우가 '정원아~' 이름을 부르면 '청정원'이 자연스럽게 떠오르기도 한다.
아이들 과자를 만드는 오리온제과는 친근감 있게 아이들 부르는 소리를 이용하면 된다. '얘들아, 오리온으로 요리 온.' 좀 유치하다고? 아이들 과자는 유치할수록 기억에 더 남는 법이다. 회사 이름을 이용한 슬로건 중에는 '큰 대 믿을 신, 대신증권'과 회사 이름으로 제품을 만든 '참 진 이슬 로, 참이슬'이 가장 기억에 남는다.

·Drink to your health(드링크 투 유어 헬스) : '건강을 마셔라.' 이것은 에비앙의 슬로건이다. 건강을 생각하는 물이란 이미지와 직접적인 명령형 때문에 빨리 에비앙을 마셔야 할 것만 같다.

재미있는 슬로건, 유쾌한 회사

슬로건을 광고 카피라고만 생각하지 마라. 회사 곳곳에 슬로건을 활용하면 업무가 즐거워지고 일에 능률이 오른다. 누가 지시를 하면 짜증이 나지만, 자신이 알아서 실천하면 즐겁지 아니한가. 딱딱한 지시나 구호보다는 재미있는 슬로건을 만들어보자.

- 퇴실 시 소등 ⋯▸ 퇴근할 때 전등은 꺼꺼꺼!
- 우측 통행 ⋯▸ 좌측으로 오면 안아드림
- 소변기에 붙은 '한 발 앞으로' ⋯▸ 소피도 피다. 네 피라면 흘리겠냐?
- 난간에 기대지 마시오. ⋯▸ 기대봐라, 너만 손해지.
- 지정주차 : 주차하지 마시오. ⋯▸ 예약 주차석 : 사장 된 후 주차하세요.
- 잔반을 줄이자. ⋯▸ 잔반 때문에 셰프 열 받으면 내일은 점심 없다.
- 새롭게 다시 출발하자. ⋯▸ 리본Reborn을 달자.
- 불조심 ⋯▸ 6·25와 화재는 방심해서 일어났다.
- 공고 : 등산 가실 분 모이세요. ⋯▸ 등산간데이

당연한 얘기지만, CEO 혼자서 슬로건을 만들지 마라. 직원들과 머리를 맞대고 만들거나 상금을 걸고 응모를 받아도 좋다. 슬로건을 자꾸 생각하면 할수록 회사에 대한 애사심이 높아지니까 말이다. 슬로건이 만들어지면 회사 곳곳에 도배를 하라. 지나치다 싶어도 그렇게 해라. 왜냐하면 사람들은 모두 작심삼일이란 병에 걸려 있기 때문이다. 그리고 좀 지나칠 정도로 강조를 해야 직원들이 '이게 무척 중요하긴 중요하구나'라는 생각을 한다.

Part 03
—

유머, 조화로운
커뮤니케이션의 비밀

Chapter 13

착한 유머 vs. 나쁜 유머

—

말을 하는 게 어려울까, 말을 안 하는 게 어려울까?

내 경우는 말을 안 하는 게 더 어렵다. 말하는 건 1년 만에 배웠는데, 말 안 하는 건 아직도 못 배웠으니까. 우리는 '엄마'란 말을 처음 배운 뒤부터 죽을 때까지 입을 닫지 못하고 엄청난 양의 말을 쏟아낸다. 그런데 정작해야 할 말은 자주 안 한다.

"감사합니다", "미안해요", "사랑해"

정말 해야 할 이런 말 대신, 우리는 '해서는 안 되는 말'을 더 많이 하고 있다.

"됐거든", "그건 니 생각이고~", "영광인 줄 알아 이것들아~!"

오피니언 리더나 사회 지도층 인사들은 국민들에게 '행동'으로 신뢰를 보이고, '말'로 희망을 줘야 한다. 그런데 최근 상황을 보면 신뢰 대신 번뇌를, 희망 대신 실망을 주고 있다. 특히 말로 '소통'을 하는 게 아니라 '호통'을 치고 있다. 자기 주장만 옳고 다른 사람의 의견은 들을 생각을 안 한다. 상대를 살리는 착한 말과 상대를 죽이는 나쁜 말이 있듯이, 유머에도 미소를 주는 착한 유머와 '썩소'를 남기는 나쁜 유머가 있다.

신종인플루엔자가 돼지인플루엔자로 불리던 초창기, 내가 어느 강의에 가서 마른기침을 몇 번 했다. 그러자 앞에 앉아 있던 여자가 이렇게 말했다.
"어머! 혹시 돼지인플루엔자 아니에요?"
그래서 내가 이렇게 말했다.
"돼지인플루엔자 아닙니다. 저는 그냥 돼지입니다."

나를 낮추면서 남에게 웃음을 주는 것이 착한 유머다. 반대로 나쁜 유머는 우월적 위치에서 상대방을 깔보면서 하는 유머다. 상대방도 웃기는 하지만, 결코 즐거워서 웃는 게 아니기 때문에 씁쓸한 뒷맛을 남긴다.

"김 부장, 요즘 다이어트 한다면서?"
"네, 사장님! 열심히 하고 있습니다."
"음…. 확실히 많이 빠졌구먼, 자네 머리카락이. 아하하하."

광고에도 착한 유머와 나쁜 유머가 있다. 꽤 지난 광고인데도 지금도 생각하면 웃음이 난다. 지하철에 서서 가다가 무심코 앞을 봤는데, 이런 광고 문구가 눈에 들어왔다.

"항상 서 있는 당신…. 정말 대단하십니다. 그런 당신이 자랑스럽습니다."

지하철에서 노약자에게 자리를 양보하고 서서 가던 많은 사람에게 긍정의 힘을 줬던 광고였다. 예전에 유행하는 '쇼'와 '쿡' 광고에 대응해서 상대 회사는 이런 플래카드를 만들어 회사에 걸었다고 한다. 물론 대외적인 광고는 아니고 내부용이었다.

"SHOW(쇼)는 끝난다. Qook Qook(쿡쿡) 밟아주마."

물론 경쟁사에 대항하는 내부결속을 다지는 데는 이만큼 좋은 유머가 없을 것이다. 그러나 혹시라도 상대 회사에서 알게 된다면 매우 화가 날 만한 나쁜 유머다.

착한 유머는 인생을 아름답게 만드는 향기다

우리는 '우리'라는 말을 상당히 자주 쓰는 민족이다. 우리나라, 우리 학교, 우리 동네, 우리 가족…. 그러다 보니 '우리 마누라'라는 이상한 말을 하기도 하고, '우리'라는 명칭을 놓고 은행끼리 법정 다툼을 벌이기도 했다. 우리는 '울타리'라는 의미가 있다. 나와 같은 울타리 안에 있으면 간이라도 빼줄 듯이 좋아하다가, 우리가 아니라는 걸 알면 으르렁대며 싸우는 나쁜 속성이 있다.

이 비좁은 땅덩이 안에서도 남과 북, 동과 서, 강남과 강북이 싸우고 있다. 이제는 태극기와 촛불이 싸우기까지 한다. 다름이 욕설과 조롱의 대상이 된다. 우리와 다르다는 이유로 놀리는 것이, 우리가 아닌 다른 사람에게도 똑같이 재미있을까?

- 달리 파튼Dolly Parton(큰 가슴으로 유명한 미국의 컨트리 가수 겸 영화배우)이 다이어트를 위해 줄넘기 운동을 했다. 그랬더니 살은 안 빠지고 눈탱이가 밤탱이가 됐다.
  ⋯➛ 가슴 큰 여자들도 재미있을까?

- 대머리가 좋은 점은? 눈이 오는 것을 남들보다 먼저 알 수 있다.
  ⋯➛ 이런 조크를 듣고 대머리들이 웃을 수 있을까?

- 경차는 차가 막힐 때 참 좋아요. 창밖으로 손을 내밀면 날아갈 수 있거든요.
  ⋯➛ 실제로 경차를 타는 사람들에게는 별로 웃긴 얘기가 아니다.

상대방을 배려하지 않고 나만 웃는 나쁜 유머보다 함께 웃을 수 있는 착한 유머를 구사해야 한다. 2004년 KBS의 연예대상에서 작가상을 받았을 때 나는 수상 소감을 이렇게 말했다.

"저는 앞으로 1명을 울리면서 99명이 폭소를 터뜨리는 코미디보다, 100명이 미소 짓는 코미디를 만들고 싶습니다."

몇 년 뒤… 짤렸다. 아마도 지금의 방송 현실은 99명의 폭소가 100명의 미소보다 값진가 보다. 1명의 눈물은 닦아주지도 않고 말이다. 어쨌거나 착한 유머는 이렇게 만들어야 한다.

• 첫째, 아무도 상처받는 사람이 없어야 한다

얼마 전 길을 가다 '중국인 사절'이라고 써붙인 상점을 봤다. 왜 그렇게 써놓았느냐고 물어보니 중국인들이 물건을 집어가기 때문이라고 했다. 내 얼굴이 다 화끈거릴 정도로 창피했다. 그런 말 대신 이런 표어를 붙여놓으면 어떨까?

"김치~ 웃으세요. 지금 CCTV로 찍히고 있습니다."

• 둘째, 착한 유머는 희망을 보여줘야 한다

지하철에서 내 눈으로 직접 본 이야기다. 잡상인이 허리띠를 팔고 있었는데, 1개도 팔리지 않았다. 그러자 그 잡상인은 이렇게 말했다.

"1개도 안 팔렸지만 저는 절대 좌절하지 않습니다. 저에겐 다음 칸이 있으니까요."

다음 칸으로 걸어가던 그에게 두 사람이나 허리띠를 사더라.

"한국 경제가 긍정적인 측면도 있지만 사실은 아직도 긴 터널의 중간쯤 와 있다."

2009년 4월 킨텍스에서 열린 무역진흥회에서 MB가 한 말이다. 건설회사 출신이라 그런지 터널에 비유하는 경우가 많은 것 같다. 그런데 이런 말을 들으면 국민들은 힘이 빠진다. 지금도 어려운데 아직도 터널의 중간이라니….

아빠와 아들이 산에 오를 때 아들이 자주 하는 말이 있다.

"아빠, 아직 멀었어? 얼마나 더 가면 돼?"

그러면 아빠는 이렇게 말한다.

"거의 다 왔다."

물론 거짓말이다. 그래서 내려오는 사람에게 물어본다. 하지만 돌아오는 대답 역시 거짓말이다.

"응, 거의 다 왔다."

하지만 이 말에 새 힘을 얻는다. 지도자는 국민들에게 희망을 줘야 한다. 사막을 40년 동안 헤맨 유대인들이 포기하지 않은 이유는 '가나안'이란 희망 때문이었다. 물론 모세가 여자였다면 40년 동안 헤매지 않았을 것이다. 지나가는 사람에게 길을 물어봤을 테니까.

미국의 백악관에서는 대통령 연설문에 대해 코미디 작가에게 의견을 물어본다. 우리도 코미디 작가를 찾는 대선주자들이 늘고 있다. 이 책에서 처음 밝히는 이야기인데, 지난 대선 때 나에게도 문재인과 반기문 캠프에서 요청이 있었다. MB 때는 선거 전에 일대일로 식사를 한 번 했지만, 청와대에 가서는 부르지 않았다. 지금 생각해보면 참 다행이다. 박근혜 쪽에서 부르지 않았던 점은 천만다행이다. 그래서 MB의 연설을 수정할 기회가 있었다면, 이렇게 고쳐주었을 것이다.

"지금 우리 경제는 터널의 중간쯤입니다. 그러나 터널은 가장 빠른 지름길입니다. 터널을 통과하는 순간 우리나라는 가장 앞서가게 될 것입니다."

• 셋째, 착한 유머는 사랑이 있다

사랑하는 마음이 있으면 자연히 착한 유머가 나온다.

"미자야…. 어쩜 넌 작년이랑 하나도 안 변했다. 이 옷 작년에도 입었던 거지? 호호호."

사랑이 없으면 이렇게 꼬집는 유머만 나온다.

아들은 골프를 한다. 그런데 고등학교 때 중요한 대회에서 첫날 80타를 쳤다. 화가 나서 한마디 했다.

"야! 너 이따위로 칠 거면 골프 때려치워! 오늘 당장 그만둬!"

그리고 곧바로 부드러운 목소리로 바꿔서 이렇게 말했다.

"그리고 내일 새로 시작해. 알았지?"

그랬더니 아들이 다음 날 언더 4를 치더라. 사랑하면 자연히 착한 유머가 나온다.

Chapter 14

유머는 상대방에게
주는 선물이다

—

청송교도소는 온갖 흉악범들의 최종 집결지였다. 어떤 방법으로도 교화가 안 되는, 그야말로 인간 망종들의 집합소였다. 어느 날, 교도소장이 재소자의 교화를 위해 운보 김기창 화백의 그림을 걸어놓으면 좋겠다고 생각했다. 이런 요청을 받은 삼중 스님은 어렵게 김기창 화백에게 그림 한 점을 기증해달라는 부탁을 했다. 김기창 화백은 흔쾌히 동의를 하며 그림을 기증하겠다고 했다. 그런데 한 가지 조건이 있었다.

그 조건이란 김기창 화백이 직접 청송교도소로 가서 그림을 전달하겠다는 것이었다. 전달식에서 식순에도 없는데 김기창 화백이 갑자기 마이크를 잡았다. 그리고 천천히 재소자들을 둘러보며 흉악범들 앞에서 던진 첫마디는 이거였다.

"벼씨 새끼뜨라(병신 새끼들아)!"

모두 깜짝 놀랐다. 그리고 이어지는 그의 말에 귀를 기울였다.

"병신은 나다, 내가 벙어리이니 내가 병신 머저리다. 그렇지만 나는 몸은 병신이지만 정신만은 건강하다. 그런데 당신들은 몸은 건강하나 정신은 병신이다. 그래서 내가 욕을 한 것이다.

나는 몸이 병신이지만 뼈를 깎는 노력으로 성공한 화가가 되었다. 나는 타고난 재주나 조건을 믿지 않았다. 내 재주를 갈고 닦아서 성실하게 열심히 노력했다. 그래서 성공했다. 왜 건강한 몸으로 이런 무시무시한 교도소에 들어와서, 이 지옥에서 죽을 고생들을 하느냐?"

만약 김기창 화백이 아닌 다른 사람이 이런 욕을 했다면, 아마도 맞아 죽었을지 모를 일이다. 그런데 모두 김기창 화백의 말에 숙연해지면서 고개를 숙였다.

공식 행사가 끝난 후 김기창 화백이 또 다른 부탁을 했다. 자신과 같은 처지인 청각장애 재소자를 만나보고 싶다고 한 것이다. 청각장애 재소자의 감방에 들어선 김기창 화백은 그 재소자를 꼭 껴안더니 볼을 비비면서 울었다.

"병신된 것도 서러운데, 왜 이런 생지옥에서 서럽게 살고 있느냐?"

김기창 화백은 재소자들에게 따뜻한 선물을 주었다. 욕도 사랑을 담아서 하면 선물이 될 수 있다. 유머도 마찬가지다.

웃음이 하늘에서 그냥 받은 선물이라면 유머는 내가 남에게 주는 선물이다. 선물은 상대방이 받아서 좋아하는 것을 준비해야 한다.

"아띠 우리딥에 불나떠요~."

소방관은 꼬마의 발음이 재미있어서 또 해보라고 했다.

"아띠 우리딥 불나떠요~."

"꼬마야 다시 한 번만 말해주라."

"아띠 우리딥 불나따니깐요~."

이렇게 다섯 번이나 말을 했다.

"미안한데, 마지막으로 한 번만 더 해줄 수 있니?"

그러자 꼬마가 하는 말….

"아떱때까 우리딥 다 탓단아!"

혀가 짧은 사람이나, 자기 집에 실제로 불이 났던 경험이 있는 사람이라면 이 유머에 웃을 수 없다. 유머를 선택할 때에는 상대를 배려해야한다.

다시 한 번 말하지만 '웃음은 하늘로부터의 선물'이다. 그런데 선물을 받고도 그냥 놔두면 도로 빼앗긴다. 포장을 뜯어서 내용물을 확인해야 한다. 어려울 것도 없다. 그냥 '하하하' 웃으면 되는 것이다. 반면 '유머는 남에게 주는 선물'이다. 정성껏 준비하고 포장할 때 기분이 좋다. 그리고 받는 사람보다 주는 사람이 더 기분이 좋다. 앞에서 한 말을 또 반복하는 이유는 그만큼 중요하다는 말이다.

유머리스트와 유머 리스트의 차이

유머리스트Humorist는 유머가 있는 사람, 혹은 유머 작가를 말한다. 그리고 유머 리스트Humor list는 단순히 유머를 쫙~ 적은 종이를 말하는 것이다. 그렇다면 당신은 유머리스트인가, 아니면 유머 리스트를 들고 다니는 사람인가?

재미있는 사람이 되기 위해 인터넷이나 신문에서 본 조크를 달달달 외웠다가 써먹어 보지만 반응은 썰렁~. 실망할 때가 한두 번이 아니다(친구나 동료들의 연락도 점점 뜸해지는 것 같다). 마이크를 잡고 나름 재미있는 얘기라고 해봤지만, 분위기만 더 이상해져서 수습하느라고 더 애를 먹는다.

왜 똑같은 조크도 저 친구가 하면 재미있는데, 내가 하면 분위기를 완전히 망치는 것일까? 그 이유는 바로 당신이 유머리스트냐, 유머 리스트냐의 차이다. 한마디로 연습 부족이다. 물론 태어나면서부터 유머 감각이 탁월한 사람이 있기는 하다.

그렇다고 그런 친구들이라고 해서 태어나는 순간 의사 선생님이 탯줄을 자르려고 할 때, "이봐요, 의사 양반. 왜 내 밥줄을 끊어놓는 거요?"라고 말하는 건 아니다. 언어도 후천적 노력이 중요하듯이, 유머 감각도 후천적 노력이 뒤따라야 달라진다. 그럼 어떻게 해서 자연스럽게 유머를 구사하는 유머리스트가 되는지 알아보자.

RE 유머가 이긴다

• 메모, 뚜렷한 기억보다 희미한 기록이 낫다

기록은 절대 지워지지 않는다. 그런데 적더라도 문어체가 아닌 구어체로 적어야 한다. 눈을 위한 글이 아니라 귀를 위한 말을 적는 연습을 해야 한다. 그림도 그리고, 필요하면 색깔도 칠하고…. 다시 말해 영상이 떠오르는 구체적인 문장으로 기록해야 한다.

예를 들어 5분짜리 주제 발표를 할 때 자신이 할 말을 전부 적은 원고를 단상 위에 올려놓고 그대로 읽기만 하면 실패한다. 오히려 자신의 이야기를 다섯 가지로 요약하고 손가락에 하나씩 주제어를 표시해둔다면 전체 이야기가 머릿속에 잘 기억된다. 잊어버리더라도 손가락만 보면 OK! 내 경우도 서론과 결론을 미리 생각하고 중간의 본문을 삼각형으로 정리해서 꼭짓점에 하나씩 핵심을 적어 놓는다. 그 삼각형만 기억하면 강의는 언제나 굿Good이다!

유머도 마찬가지다. 오늘 사용할 조크 세 가지를 준비했다면 세 가지를 적어라. 기왕이면 이미지로 메모하라. 그래야 더 오래도록 기억에 남는다.

• 소리 내서 읽어라, 당신이 듣고 있다

메모한 유머나 재미있는 이야기를 눈으로만 읽지 말고 소리를 내서 읽어야 한다. 읽는 것은 입을 위한 연습이 아니라 귀를 위한 연습이기 때문이다. 소리를 내야 자신의 귀로 들을 수 있고, 귀로 들으면 틀린 글자도 쉽게 찾아낼 수 있고, 다시 정리해야 할 곳도 명확해진다. 오늘 사용할 유머도 직접 소리 내서 해보라. 본인부터 웃겨봐라.

연습하면서 다음 사항을 체크해보라.

1. 나의 목소리가 듣기 좋은가?
2. 억양은 자연스러운가?
3. 글의 내용은 재미있고 아이디어가 그럴듯한가?
4. 혀가 불편하지는 않은가?
5. 너무 자주 반복되는 단어나 문장은 없는가?
6. 제스처는 자연스럽게 사용하고 있는가?
7. 연기는 수준급인가?

· 심플하게 말하라

그리고 심플한 게 좋다는 걸 명심하라. 많은 사람이 말을 잘하려면 어렵고 유식한 단어를 사용해야 한다고 착각한다. 오히려 쉽게 말하는 게 더 어렵다. 진짜 전문가는 어려운 문제를 가장 쉬운 단어로, 가장 쉽고도 재미있게 설명하는 사람이다.

또한 긴 문장을 피해야 한다. 문장이 길면 처음 주어를 잃어버리기 쉽다. 그래서 말이 앞뒤가 안 맞게 된다. 평균 15개 이상의 단어를 한 문장에 사용한다면 단어의 수를 절반으로 줄여라. 나이가 어리거나, 이해력이 낮은 그룹과 대화를 한다면 더더욱 짧게 하라. 유치원 아이들에게 이렇게 말하는 교사는 없다.

"오늘 저는 여러분에게 정말로 달콤살콤하고 맛있으면서도 영양가가 아주 풍부해서 몸에 좋은 유기농 간식을 준비했어요. 이 간식을 먹기 전에 우리 다 같이 온 만물의 창조자이신 하나님께 감사의 기도를 드리기로 해요."

대신 이렇게 말한다.

"어린이 여러분! 신나는 간식 시간이에요. 우와! 맛있는 과자네. 먹기 전에 뭘 할까? 그렇죠. 하나님께 기도해요. 두 손 모으고, 눈 감고…. 감사합니다, 하나님!"

유치원 교사들이 남자들에게 인기 있는 이유를 생각해보라. 말을 짧게, 그리고 듣고 싶은 얘기만 하기 때문이다.

"참 잘했어요. 다시 한번 해볼까요?"

버락 오바마의 연설도 세 단어씩 짧게 떨어지는 문장들로 이루어졌다는 걸 명심하라.

• 기를 담아서 말하라

'기똥차다'는 말이 있다. 냄새가 좀 나는 것 같지만, 그래도 듣기 좋은 말이다. 기가 똥까지 찼으니 얼마나 대단한가. 기가 실린 말은 귀에 쏙쏙 들어온다. 기쁨이란 단어도 기가 뿜어져 나온다는 말이다. 기가 그만큼 중요하다. 기를 실어서 힘차게 말하는 연습은 거울을 보면서 하라. 책상 위에 놓아둔 거울은 여자들에게만 필요한 게 아니다.

· 구체적으로 말하라

"난 당신을 사랑합니다."

듣기 좋은 말이지만 다음 말과는 어떤 차이가 나는지 느껴보라.

"난 당신이 웃을 때 보이는 핑크빛 잇몸을 사랑합니다. 손 좀 줘봐요. 손바닥에 땀이 나서 싫다지만, 난 오히려 촉촉함을 느낄 수 있어서 사랑스러운걸요."

좀 변태(?)스럽긴 해도 여자 입장에서 보면 구체적으로 사랑을 받는 느낌이다. 어떻게 아냐고? 내가 해봐서 잘 안다. 구체적으로 말하면 더 강력하게 자극을 받는다. 숫자를 제시하면 더욱 큰 신뢰를 주기도 한다.

"책을 읽는 분들 중 76퍼센트가 딴 짓을 한다고 합니다. 그 중 2퍼센트는 코를 판다고 합니다."

· 적절한 단어를 사용하라

한 연구에 따르면 긍정적인 사람은 긍정적 단어를 많이 사용하고, 부정적인 사람들은 부정적 단어를 많이 사용한다고 한다. 활동적인 단어를 사용하면 듣는 사람도 활기찬 느낌을 받아 더욱 흥미를 유발할 수 있다. 그래서 유머리스트들은 긍정적이고 활기차고 적극적인 단어들을 많이 사용한다. 특히 의성어나 의태어를 적절히 이용하면 효과적이다.

"화장실 청소하는 아줌마 있지? 만날 파마 보글보글하고 다니는 그 아줌마. 화가 머리끝까지 났더라고. 붉으락푸르락해서는 하는 말이…. '아이고, 매일 남자 소변기 아래는 쓸고 닦고 해도 항상 질퍽질퍽한겨? 어디가 새는겨?'"

그래서 내가 이런 경고문을 큼지막하게 써 붙여놓으라고 했다.

'당신이 흘리면 저는 피눈물을 흘려요. ㅜㅜ'

• 자주 듣던 말은 이제 그만!

"당신의 입술은 앵두요, 눈은 호수 같아요."

이제 이런 문장으로는 여자에게 호감을 살 수 없다. 드라마나 영화의 유행어가 되는 문장을 생각해보라. 드라마 <베토벤 바이러스>에서의 '똥, 떵, 어, 리'라는 말은 누구도 자주 사용하지 않는 말이다.

"당신의 입술은 호수요, 눈은 앵두…. 이게 아닌데…. 당신 앞에만 서면 왜 난 바보가 되죠? 좀 가르쳐주세요, 네?"

• 목소리의 크기와 속도

연습하기 좋은 장소는 목욕탕이다. 목소리가 크게 울리기 때문에 작게 말해도 귀에 쏙쏙 들어온다. 그래서 자연스럽게 목소리를 중저음으로 내게 된다. 특히 마이크를 사용할 때는 바로 옆사람에게 말하듯이 낮은 톤으로 속삭이는 게 좋은데, 목욕탕 연습법이 도움이 될 것이다. 어느 여대의 모 교수님은 시작할 때 "안녕하세요"라고 한마디 했을 뿐인데, 학생들이 녹아내리는 듯한 표정으로 소리를 지르더라. 당신도 이선균 같은 목소리가 부러우면 목욕탕에서 연습해보라.

또 샤워기를 틀어놓고 이런저런 성대모사도 해보라. 왜 하필 샤워할 때 연습하느냐고? 처음에는 창피하기 때문이다. 그래도 혼자서 벗고 연습하니까 어차피 창피한 것도 없어진다.

• 가족 앞에서 연습하라

끝으로 실전 같은 연습이 중요하다. 이것은 사람들 앞에서 해야 효과적이다. 앞에서도 말했듯이 일단 최종 연습은 가족들 앞에서 하는 게 좋다. 특히 식탁에 모였을 때가 좋다.

자녀 교육을 잘하는 것으로 유명한 집안이나 명문가의 이야기를 들어보면 '밥상머리 교육'이 얼마나 중요한지 알 수 있다. 식탁은 자녀들을 위한 교육의 장이다. 서로의 일상다반사도 나누고, 유머도 즐기고, 걱정도 해주고…. 그 가정의 행복도는 가족끼리 모여서 식사하는 횟수에 비례한다.

하루에 한 번이라도 가족이 함께 밥을 먹는 아이와 그렇지 않은 아이는 학습 능력이나 집중력, 대인관계에서도 분명한 차이를 보인다는 연구결과도 있다. 식탁에서 엄마 아빠가 성대모사도 들려주고, 재미있는 이야기도 해주면 분위기가 얼마나 좋아지겠는가! 만날 성적 가지고 화만 내고, 옷차림 가지고 잔소리만 하지 말고, 같이 웃을 수 있는 얘기들을 준비해보라. 꼭 한번 해보기 바란다.

부정적 표현이 많은 나라, 그런 나라 나쁜 나라

한창 박찬호 선수가 주가를 올리던 때 친구와 함께 LA 다저스 구장을 찾았다. 그런데 내 친구는 골초였다. 좌석에서는 담배를 피울 수 없으니까 경기장 구석구석을 다니다가 이런 사인을 발견했다.

'Smoke Free(스모크 프리)'

당연히 친구는 그곳에서 담배를 피웠다고 한다. 그런데 지나가던 미국인들이 눈살을 찌푸리며 쳐다보더니, 급기야 경비원까지 달려와서 제지하더라는 것이다. 'Smoke Free'는 연기Smoke로부터 자유로운Free 곳이니까 '금연구역'이란 뜻이다. 'Duty Free', 'Sugar Free'를 생각해보라. 그런데 우리는 금연이라는 영어표현은 전부 'No Smoking'에만 익숙해서 이런 착각을 한 것이다.

'Smoke Free? 음, 후리하게 담배를 피워도 되는 곳이구나.'

우리 주변을 둘러보면 부정적인 표현들이 너무나 많다. '출입금지', '촬영금지', '잔디밭에 들어가지 마시오', '뛰지 마시오', '떠들지 마시오', '촛불을 들지 마시오' 등등. 이런 강력하고 부정적인 사인sign들을 보고 자라서 그런지 우리의 사고도 부정적이다.

그렇다고 부정적 사인들이 효과적일까? 잘 지키지도 않는다. 담배꽁초를 버리지 말라고 해도 거리 곳곳에 버려져 있다. 오늘도 내 앞에서 운전하는 차들 중에 창문 밖으로 담배꽁초를 아무렇게나 버리는 운전자를 두 명이나 봤다. 그것도 고급차나 외제차를 탄 사람들이 탁탁 버리는 것이었다. 절대 기사는 아니고, 자가 운전자들이었다.

배울 만큼 배운 사람들이 왜 기초질서를 안 지키는 것일까? 아마도 너무 부정적인 지시나 사인에 무뎌져서 그런 건 아닐까? 귀에 못이 박히게 듣다 보니까, 못 듣게 되는 거다. 그런 부정적 사인에 반항하는 레지스탕스가 요즘도 활개치고 있다.

'입산금지'를 '임신금지'로 바꿔놓고, 엘리베이터 안에 '기대지 마시오'를 '기대시오'라고, 다시 또 '기시오'로 고쳐놓은 사인도 봤다. '손대지 마시오' 밑에 '발 대면 되나요?'라고 써놓거나, '소변금지'를 '지금 변소'라고 바꿔놓은 것도 봤다. 너무 일방적이고 폭력적인 지시에 사람들이 유머로 반기를 드는 것 아닐까?

우리도 학창시절에 무서운 선생님에게 미친개 같은 희화된 별명을 붙이며 힘든 시기를 참고 견디지 않았는가. 심지어 전쟁영화에 등장하는 포로수용소에서도 웃음과 유머를 통해 극단적인 스트레스를 극복하는 경우를 본 적이 있다. 영화 <인생은 아름다워>에서 로베르토 베니니가 아들을 위해 수용소에서 1,000점을 받으면 탱크를 선물로 받을 수 있다고 거짓말을 한다. 그것을 통해 고통을 웃음으로 승화시킨 장면은 지금도 가슴이 짠해 온다.

긍정적 부정이 더 효과적이다

대화법도 그렇다. 부정적인 지시보다는 긍정적인 질문형 문장이 더 효과적이다.

"이따위밖에 못 해? 이렇게 일하려고 회사 들어왔냐? 이 월급 도둑 놈 같으니라고…. 이렇게 할 거면 당장 때려치워!"

이것보다는 이렇게 말하면 어떨까?

"자네, 이번 문제에 대해서 어떻게 생각하나?"

"죄송합니다. 할 말이 없습니다."

"그건 지금 내가 할 소리고…. 자네가 내 상관이라면 뭐라고 할 것 같은가?"

"이런 바보 멍청이…. 나가 죽으라고 할 것 같습니다."

"그래, 지금 내가 하고 싶은 말이 그거네."

어린 아이들에게 상자 하나를 주고 이렇게 말해보라.

"이 상자를 절대로 열면 안 돼. 내가 돌아올 때까지 절대 열지 마!"

그러고 나서 자리를 뜨면 아이들은 십중팔구 상자를 열어본다.

하지만 이렇게 말하면 다른 결과를 얻을 수 있다.

"잠깐 나갔다 올 테니까, 돌아오면 우리 함께 열어보자. 알았지?"

이제부터는 효과도 없으면서 사람 기분만 나쁘게 만드는 부정적 표현을 걷어내고 긍정적인 표현으로 바꿔보자.

- 금연 : 담배를 피워도 좋습니다. 당신이 99세 이상 어르신이라면.
- 에스컬레이터에서 뛰지 마시오 : 에스컬레이터는 러닝머신이 아닙니다.
- 도서관에서 떠들지 마시오 : 도서관은 쉿! 화장실은 쉬~.
- ○○일보 사절 : ○○일보 읽던 분이 돌아가셨어요. 명복을 빌어주세요.

유머가 좋은 점 중에 하나는 사람을 긍정적으로 만든다는 점이다.

유머도 연습으로 준비하자

강의나 연설 중에는 생각지도 못했던 위기 상황이 발생한다. 그 위기를 극복하는 방법을 보면 명강사인지, 초보강사인지 알 수 있다. 위기 상황에 대처할 수 있는 몇 가지 애드립을 소개한다.

사회자가 이름을 잘못 소개했을 때

"제 이름이 바뀌었네요. 기왕이면 제 마누라 이름을 바꿔주시지."

연설 중에 누군가의 휴대전화가 울릴 때

"받으셔도 돼요. 주차 잘못했다고 차 빼라는 전화니까요."

연설 중 누군가 소음을 낼 때

"제 마누랍니다. 결혼기념일을 깜빡했더니 저렇게 시끄럽네요."

파티 음식에 한식으로 김이나 김밥이 나왔을 때

"백화점에 갔더니 하얀색 김을 팔더라고요. 하얀색 김을 뭐라고 하는지 알아요? 앙드레 김."

쇠고기를 먹을 때

"이게 한우인지 미국산인지 어떻게 알아볼까요? 포크로 찔러봐서 '음메~' 그러면 한우고, '오 마이 갓' 그러면 미국산이죠.

스테이크가 나왔을 때

"음, 제 고기는 좀 많이 태웠군요. 이런 걸 영어로 뭐라고 하는지 아세요? 미스테이크."

파티 음식이 뷔페식일 때

"여러분, 뷔페가 불어로 무슨 뜻인 줄 아세요? '갖다 처먹어.'"

Chapter 15

유머는
모든 것을 이긴다

―

'유 레이즈 미 업you raise me up'이란 노래가 있다.

영혼이 힘들고 지칠 때,
괴로움이 밀려와 나의 마음을 무겁게 할 때
당신이 나를 세워줘 폭풍의 바다도 건널 수 있습니다.

이런 감동적인 가사 때문에 참 좋아하는 곡이다. 당신은 힘들고 지칠
때 누구를 찾는가? 엄마? 살아계시다면 다행이지만 돌아가셨다면 찾아
갈 곳이 없을 테니, 엄마처럼 가슴이 풍만한 아가씨를 찾아 우유병 대신

RE 유머가 이긴다

술병을 뺄지도 모르겠다.

그렇다면 소비자들은 힘들고 지칠 때 누구를 찾을까?

바로 소비자 상담실이다. 이곳에 전화해서 칭찬하는 소비자는 거의 없다. 대부분 불평불만이다. 그런데 요즘 대부분의 회사는 자사 직원이 소비자 상담을 하는 게 아니라 아웃소싱을 준 콜센터 직원이 매뉴얼에 따라 기계적으로 받는 경우가 많다.

수년 전에 겪었던 일이다. 자동차를 성산동에 있는 서비스센터에 입고시켰다. 오전 10시에 예약을 하고 갔는데, 오일교환을 하는 데 6시간이나 걸렸다. 내 차에 맞는 오일이 마침 떨어졌다고 했다. 그래도 미리 예약까지 했는데 6시간이나 걸리다니 이해가 되질 않았다.

그런데 더욱 기가 막힌 것은 담당기사 왈 "10점 만점의 서비스를 위한 설문전화가 갈 텐데, 말 좀 잘해주세요"라며 부탁까지 하는 것이다. '10점 만점에 10점'은 돼지고기한테나 주는 점수지, 이 경우는 아니라고 생각했다.

그리고 나가는 길에 받은 기념품도 어이가 없었다. 자동차 대시보드에 붙여놓고 휴대전화나 라이터 등을 올려놓으면 미끄러지지 않는 패드라고 했다. 기가 차서 말이 안 나왔다. 원래 대시보드에는 아무것도 올려놓지 않는 게 원칙이다. 그런데 안전을 최선으로 한다는 독일의 자동차 회사에서 이런 걸 기념품으로 준다는 게 말이나 되는가? 이대로 가만히 있으면 안 되겠다 싶어서 소비자 상담실에 전화를 했다.

"아, 네. 그러세요, 고객님. 죄송합니다. 담당자에게 연락하겠습니다, 고객님…."

어라? 그 후로는 감감무소식이다. 며칠 후 다시 전화를 했더니 본사 담당자라는 사람과 통화를 할 수 있었다. 그에게 '이런 걸 선물로 주면 어떻게 하느냐?'고 묻자 '뭐, 그런 걸 가지고…'라는 태도로 아주 짜증스럽게 받았다.

오래 전에 기저귀에서 벌레가 나온 사건이 있었다. 소비자의 항의전화에 담당자가 이렇게 답했단다.

"고소하려면 하세요."

그 결과 그 소비자는 마트 앞에서 피켓을 들고 시위를 했고, 그 장면이 9시 뉴스에 보도되었다. 결국 그 기저귀 회사는 이미지에 큰 손상을 입었다. 이처럼 한 사람의 전화 받는 태도가 모든 걸 결정한다.

뿐만 아니다. 요즘은 인터넷이 워낙 발달한 데다, '트위터', '페이스북', '인스타그램' 같은 1인 미디어가 생겨서 단 한 명의 소비자라도 함부로 응대했다간 정말 큰코다친다. 실제로 할리우드의 괴짜 영화감독 케빈 스미스는 몸이 뚱뚱하다는 이유로 비행기에 타지 못하고 쫓겨난 웃지 못할 사건이 벌어졌다. 케빈 감독은 캘리포니아 오클랜드에서 버뱅크로 가기 위해 사우스웨스트 에어라인의 좌석을 예약했는데, 항공사는 한 좌석에 앉기에는 너무 뚱뚱하다는 이유로 그를 비행기에서 내리도록 했다.

이에 화가 난 케빈 감독은 집으로 돌아와 트위터에 잔뜩 화가 난 자신의 사진과 함께 탑승을 거절당한 이야기를 올려놓았다. 그의 트위터는 '팔로어'가 160만 명에 달할 정도로 인기가 높았다.

그 사연을 본 팬들은 항공사에 연이어 항의 전화를 하고, 인터넷에 이 사실을 퍼뜨렸다. 결국 사우스웨스트 에어라인은 케빈 감독에게 사과의 뜻을 전달하고 즉시 다음 항공편을 제공했으며, 100달러짜리 무료 항공권도 주었다고 한다. 빠른 사과도 편 경영에서 꼭 필요한 요소이다.

커넥터의 입소문은 천 리를 간다

앞에서 말한 사례처럼 기저귀에서 벌레가 나왔다고 모든 소비자가 항의 전화를 하는 건 아니다. 그냥 '내가 재수가 좀 없나 보다' 하고 그냥 넘어가는 사람도 많다.

1775년 4월 18일 오후, 미국 보스턴 마차 대여소에서 한 소년이 영국군 장교가 하는 말을 우연히 듣게 되었다.

"내일은 난리도 아니겠군."

그 소년은 내일 영국군이 공격할 것이라는 소식을 사람들에게 전했다. 이 소식을 들은 혁명가 폴 리비어는 북쪽으로 이 소식을 전파하였고, 민병대 봉기를 일으켜 미국 혁명의 시발점이 되었다. 그러나 같은 시간 또 다른 혁명가인 윌리엄 도우스도 남쪽으로 이 소식을 전파했으나, 민병대의 봉기는커녕 아무 일도 일어나지 않았다.

왜 이런 상반된 결과가 발생한 것일까? 우리는 상품 판매에 있어 입소문의 영향이 크다는 것을 잘 안다. 그러나 여기서 입소문을 내는 입은 모든 소비자의 입이 아니라 영향력이 있는 사람들의 특별한 입을 말하는 것이다. 《티핑 포인트》의 저자 말콤 글래드웰은 이들을 '커넥터'라고 불렀다. 커넥터의 특징은 다음 세 가지로 정리할 수 있다.

첫째, 매우 능동적이다. 최선의 방식을 찾아내 소개하고 문제점을 발견해 이야기하길 좋아한다. 파워 블로거들이 그들이다.

둘째, 사람들을 서로 연결시켜준다. 이들은 백화점 세일기간도 잘 알고 있고, 사은품이나 기념품도 잘 챙기며, 심지어 화장실 위치도 잘 가르쳐준다. 이들의 휴대전화에는 1,000개 이상의 이름이 저장되어 있다.

셋째, 사물보다 사람을 더 좋아한다. 그래서 특별히 득 될 게 없어도 남들의 문제를 해결해주려고 노력한다.

입소문을 잘 내고 싶은가? 그럼 먼저 커넥터를 찾으라. 예를 들어 아파트 부녀회장이 대표적인 커넥터다.

1995년부터 1996년 사이에 이루어진 김치냉장고 딤채의 입소문 마케팅이야말로 우리나라 입소문 마케팅의 선구적인 사례라고 할 수 있다. 요즘은 주부들이 김치냉장고가 없으면 무슨 큰일이라도 나는 것처럼 생각하지만, 당시만 해도 김치는 그냥 냉장고에 넣어두어도 별다른 문제가 없었다. 그리고 김치 전용 냉장고라는 것은 쓸데없는 것이라고 생각하던 때였다.

그래서 위니아 만도는 1996년 가을 김장철을 앞두고 강남 지역 아파트 부녀회장 등 입소문의 핵심이 될 만한 주부들에게 김치와 김치냉장고를 무료로 나누어주었다. 그리고 3개월간 써보게 한 후 만족스러우면 반값에 판매하는 판촉행사를 했다. 물론 마음에 안 들면 자유롭게 반품하는 조건으로 말이다.

그런데 몇몇 주부들이 실제로 집에서 써보니까, 너무 좋았다(당시 반품하지 않고 구입한 비율을 무려 80퍼센트나 되었다고 한다). 그녀들은 김치냉장고를 주위에 선전하기 시작했고, 얼마 지나지 않아 강남 지역 아파트에는 김치냉장고가 대유행을 했다. 결국 1995년에 2,000대 팔렸던 김치냉장고는 1996년 2만 5,000대, 1997년 8만 대, 1998년 25만 대로 지속적인 성장을 할 수 있게 되었다고 한다. 2012년부터 2016년까지의 통계를 봐도 스탠드형 김치냉장고는 10퍼센트 이상 판매량이 늘고 있다.

영화 시사회도 이런 커넥터를 대상으로 홍보하면 훨씬 효과적이다. 물론 반대의 경우도 마찬가지다. 커넥터에게 잘못 보이면 회사는 곤욕을 치르게 되는 것이다.

몇 년 전 제주도를 걸어서 여행했다. 차를 타고 갈 때는 그냥 멋지게만 보였던 시골길에 쓰레기가 엄청났다. 특히 세 가지가 많았는데 3위는 소주병, 2위는 캔커피, 1위는 바로 물병이었다. 특히 제주 삼○○물병이 제일 많았다. 그래서 나는 삼○○ 회사 홈페이지 게시판에 글을 올려 제안을 했다. 제주도의 깨끗한 물로 장사하는 기업이니까 환경보호 차원에서 도로청소를 하는 게 어떻겠느냐고 말이다.

실제로 미국은 많은 기업이 도로를 지정받아 직원들이 청소를 한다. 이것을 '도로 입양'이라고 한다. 도로를 관리하면서 그곳에 기업의 간판을 세우면 기업홍보도 될 것이라고 생각했다. 그런데 답장이 없었다.

용산의 C○○ 극장은 그나마 답장은 보내주었다. <워낭소리>라는 영화를 볼 때 옆에 두 살짜리 아기가 들어와서 하도 시끄럽게 하기에 앞으로는 어린 아기들의 출입을 막는 게 어떻겠느냐고 했다. 그러자 담당자 왈 "연소자 관람가라서 입장을 막을 수 없습니다"라고 했다. 웃겨 죽는 줄 알았다. 그 후 자연히 마시는 물과 가는 극장이 바뀌었다.

적극적으로 항의하는 소비자는 미래의 VIP 고객

소비자 게시판이 불만으로 가득 찬 일반 기업과 달리 웃음으로 가득 찬 곳이 있다. 너무나 유명해서 특별히 소개할 필요도 없는 기업, 세스코가 바로 그곳이다. 수년 전 인터넷을 떠들썩하게 만들었던 일명 '세스코 유머'를 기억할 것이다. 인터넷 홈페이지 게시판에 고객이 올린 질문에 연구원들이 성실하고 진지하게 (사람들의 엉뚱한 질문에 더 엉뚱하게) 답변을 해서 유명해졌다. '세스코 유머'가 인터넷에서 히트하면서 엄청난 PR 효과를 누리기도 했다.

질문 : 난 바퀴벌레 대왕이다. 당신이 우리 부하들을 죽이고 있다던데 나랑 한판 붙자. 바퀴벌레 행성인 딴따라 행성으로 와라!

답변 : 바퀴벌레 대왕님! 세스코맨이 아침에 출동했는데, 니나노 행성으로 잘못 갔다가 지금 울랄라 행성을 지나 딴따라 행성으로 가는 중이라고 합니다. 조금만 더 기다려주세요.

질문 : 바퀴벌레는 회를 떠먹어야 하나요? 그냥 궁금해서요.

답변 : 동남아 기행 TV 프로그램에 소개된 적이 있습니다. 독거미도 먹고 바퀴벌레도 먹고. (중략) 그러나 바퀴벌레의 배는 고단백질로 이뤄져 있어 영양은 좋을 것 같지만 개인적인 생각으로는 다리나 날개가 목에 넘어갈 때 꺼끌꺼끌하지 않을까 싶네요. 세균을 동반할 수 있어 질병에 걸릴 수도 있습니다. 드시지 않는 것이 백 배 이롭다고 판단되며, 바퀴벌레가 발견되면 세스코 고객센터로 연락해주십시오.

질문 : 국회에 우글대는 해충은 어떻게 퇴치해야 합니까?

답변 : 저희로서도 처음 보는 해충인 만큼 샘플을 채취해 보내주시면 현미경 등 각종 장비로 분석해 박멸법을 개발해보겠습니다.

질문 : PC 게임인 '스타크래프트'에서 저그(괴기한 생물체) 애벌레를 어떻게 죽이죠? 세스코로 가능한가요?

답변 : 메딕(박멸 의무병)에 세스코맨이 포함되도록 게임 제작 회사에 요청하겠습니다. 다들 스타크레프트 게임에세스코맨이 들어갈 수 있도록 힘써 주시기 바랍니다.

사람들은 게시판을 통해 세스코맨에게 수학문제도 물어보고, 애정 상담도 하고, 로또번호를 알려달라는 질문도 한다. 그 어떤 질문이라도 세스코맨은 아주 위트 있고 친절하게 답변한다. 로또번호를 물어보는 사람에게 세스코맨의 대답은 다음과 같았다.

"제가 아는 번호는 이것뿐입니다. 1588-1119(세스코 대표번호)"

사실 소비자가 회사로 전화를 하는 것은 힘들고 지칠 때다. 그런 순간 차가운 기계음이나 신경질적인 반응이 나오면 백 배쯤 더 화가 난다. 대신에 따뜻하게 보듬어주는 친절한 안내로 대응한다면 회사에 대한 호감도가 마찬가지로 백 배쯤 수직상승한다. 그래서 더욱 전화상담원이나 게시판 담당자에게 유머 교육이 절실한 것이다. 실제로 전화상담원을 대상으로 한 <유머지수가 업무에 미치는 영향>이란 논문을 보면 유머러스한 상담원이 그렇지 못한 상담원에 비해 더 오래 근무하고 평가도 좋았다. 유머가 모든 문제의 해답은 아니지만 해답을 잘 풀 수 있도록 느슨하게 만들어줄 수는 있다.

그러니 유머로 막을 걸 왜 가래로 막는가. 특히 회사에 전화하는 적극적인 소비자는 입소문을 내는 커넥터라는 것을 명심하라. 이들을 잘 대해주면 회사를 선전하는 최고의 단골손님이 될 것이다. 그리고 이들이 바로 미래의 VIP 고객이다.

Chapter 16

내 눈을 바라봐!

이름만 들어도 '허허허' 웃음이 나오는 사람이 있다. 허. 경. 영. 그런데 그의 노래를 들으면 웃을 수만은 없다. 그의 노래 '콜미'의 가사는 다음과 같다.

내 눈을 바라봐! 넌 행복해지고
내 눈을 바라봐! 넌 건강해지고
허경영을 불러봐! 넌 시험 합격해
내 노랠 불러봐! 넌 살도 빠지고
내 노랠 불러봐! 넌 키도 커지고

허경영을 불러봐! 넌 더 예뻐지고

허경영을 불러봐! 넌 잘생겨지고

아침점심저녁 내 이름을 세 번만 부르면

자연스레 웃음이 나올 것이야!

망설이지 말고 Right Now!

KBS에서 <폭소클럽>을 만들 때 허경영 씨를 직접 만난 적이 있다. 솔직히 일반인과는 좀 다르긴 달랐다. 아이큐 430에 축지법과 공중부양술은 물론이고, 외계인과도 교신을 할 수 있다고 하니 일반인의 정신세계와는 아주 다른 세계에 있는 것은 분명하다. 그런데 놀라운 사실은 본인은 확실히 그렇게 믿고 있다는 것이다. 그가 꼭 그렇다는 것은 아니지만, 좌우간 사기꾼들은 일단 자신도 감쪽같이 속이기 때문에 자신은 절대 사기꾼이 아니라고 생각한다. 그래서 감쪽같이 연기할 수 있는 것이다. 자신을 믿고 있으니까.

그런데 허경영 씨가 정말 대단하다고 느낀 점은 사람들의 마음을 움직일 줄 안다는 것이다. '내 눈을 바라봐!'라고 하지 않는가. 아이 콘택트가 모든 것의 시작이란 걸 알고 있는 것이다.

미국의 심리학자 앨버트 메라비언에 따르면 우리가 상대방을 판단할 때 언어는 7퍼센트, 청각은 38퍼센트인데 반해서 '시각'을 통해 정보를 받아들이는 비율은 무려 55퍼센트를 차지한다고 한다.

그런데 아직도 눈 맞추기를 어색해하는 사람들이 많다. 특히 남성들이 그렇다. 남학교 앞을 지나는 여학생들은 아무렇지도 않게 눈을 똑바로 뜨고 볼 것 다 보면서 지나간다. 그런데 여학교 앞을 지나가는 남학생들은 눈 둘 곳을 모른다. 남자가 여자를 볼 때 제일 먼저 어디를 볼까? 흔히 여자를 보는 남자는 세 종류가 있다고 한다.

첫째, 눈을 먼저 보고 가슴, 다리를 보는 남자

둘째, 가슴을 보고 눈, 다리를 보는 남자

셋째, 가슴을 보고 또 가슴을 보고 계속 가슴을 보는 남자

눈을 제대로 못 쳐다보는 사람은 둘 중 하나다. 자신감이 없거나, 상대를 무시하는 것이다. 어느 쪽이든 둘의 공통점은 모두 유머가 부족하다는 것이다.

영국에 한 소년이 있었다. 그 소년은 지나치게 내성적이고 자신감이 없어서 사람 만나기를 꺼렸다. 소년은 자신의 이런 성격이 주정뱅이 아버지 탓이라고 생각하며 살았다. 그런데 하루는 문득 이런 생각이 들었다. '어차피 태어난 인생, 이렇게 살 수는 없어!'

소년은 뭔가 돌파구를 찾기 위해 동네 사람들에게 먼저 인사를 건네기 시작했다.

"안녕하세요, 아저씨. 날씨가 참 좋네요."

그러자 마을 사람들도 점점 이 소년을 좋아하게 되었고, 소년의 성격도 점점 밝고 명랑해졌다. 그가 바로 영국의 달변가, 극작가로 노벨문학상을 수상한 버나드 쇼다.

상대를 무시하는 사람도 눈을 마주치지 않는다. 패밀리 레스토랑에 가면 아리따운 아가씨들이 입구에서부터 눈을 쳐다보며 인사를 한다.

"어서 오세요. 몇 분이세요?"

그럼 눈을 마주치면서 "음~ 29분이네요"라고 말을 해야지 왜 눈을 안 쳐다보는가. 특히 마트에 가보면 종업원들이 인사를 해도 아줌마 아저씨들은 카트를 끌며 도도한 표정으로 인사도 안 받고 스쳐지나간다. 당신도 그런 경험이 있지 않은가?

누구나 한 번쯤은 먼저 인사를 했는데 무시당했던 기억이 있을 것이다. 몇 번 상처받고 나면 무안하기도 하고, 화가 나기도 해서 인사를 안 하게 된다. 마찬가지다. 당신이 무안하게 만든 마트 직원들 역시 인사했는데 무시당하면 똑같이 상처받는다. 적어도 당신에게 인사를 건네는 사람에게는 따스하게 눈인사라도 하라. 먼저 인사도 못 하는 주제라면 당연히 인사라도 받아줘야 한다.

식당에서 종업원의 눈을 쳐다보지 않고 주문하는 사람, 반말로 주문하는 사람과는 비즈니스를 함께하지 마라. 언젠가는 당신에게도 눈도 안 마주치고 반말하며 떠날 사람이니까.

눈이 안 맞으면 마음도 안 맞는다

사람과 사람이 눈을 마주치는 건 기본이다. 엄마는 아기의 눈을 바라보며 "엄마 해봐. 엄마"라고 말을 건넨다. 그렇게 우린 '엄마'를 배웠다. 그래서 지금도 '엄마' 소리만 들어도 눈물이 난다. 그런데 엄마와 눈을 마주치지도 못하고 '엄마'를 배운 사람들도 있다.

아기가 처량 맞게 울고 있다.

"엄마, 엄마~."

그때 할머니가 나타나 아이를 때리며 이렇게 말한다.

"이놈아, 너 버리고 떠난 엄마를 왜 찾냐?"

이렇게 엄마를 배운 사람은 엄마 소리를 들으면 화부터 날 것이다. 이처럼 눈을 마주치고 성장한 아이와 그렇지 못한 아이는 엄청난 차이가 난다. 사랑을 받고, 받지 못하고는 엄청난 차이다.

학교에서 학생들을 가르치다 보면 확실히 구별이 된다. 똑똑하고 성실하고 다정다감한 아이들은 선생과 눈을 마주친다. 어찌나 뚫어지게 쳐다보는지 눈에서 레이저 광선이라도 나올 것 같다. 그런데 성적도 안 좋고 성격도 안 좋고 왠지 불안한 아이들의 눈은 빙글빙글 레이더가 돌아간다.

그래서 직원을 뽑을 때는 눈을 보고 뽑아야 한다. 말할 때 자꾸 눈동자가 오른쪽 위로 올라가는 사람이 있다. 이 사람은 거짓말을 하는 거다. 한번 테스트해보라.

"김 부장, 자네는 나를 어떻게 생각하나?"

그러면 김 부장은 눈동자를 오른쪽 위로 향하며 이렇게 말한다.

"아시면서…. 사장님을 향한 나의 사랑은 무조건 무조건이야~."

사람들이 당신과 눈을 마주치지 않는가? 그렇다면 당신이든 상대방이든 어느 한쪽에 반드시 문제가 있는 것이다.

눈을 마주치세요, 롸잇 나우!

사실 가장 행복한 순간은 사랑하는 사람의 눈을 마주할 때다. 내가 처음 미국에 유학을 갔을 때, 대학교 캠퍼스의 아리따운 금발 미녀들이 나를 보고 미소 지으며 "하이!"라고 말하는 게 아닌가! 처음에는 내 뒤에 누가 있나 하고 돌아봤다. 그리고 아무도 없는 것을 보고 이런 생각을 했다.

'음, 이 얼굴이 한국에서는 안 먹혔지만, 미국에서는 좀 먹히나 보다.'

하지만 나의 그런 생각은, 사진 찍는 소리, '착각!'

그래도 모르는 사람과 눈을 마주치고 인사를 하면 정말 기분이 좋아진다. 당장 해보라. 한강변을 산책하면서 맞은편에서 오는 사람에게 먼저 눈길을 주고 미소를 지으며 인사해보라. 엘리베이터에서 만난 이웃에게 인사를 해보라. 처음에는 '이 사람 왜 이래? 당신 나 알아?' 이런 시선을 느낄 수도 있을 것이다. 하지만 그럴수록 먼저 인사를 한 당신이 더 행복해진다.

솔직히 옛날에는 아랫사람이 먼저 인사를 했다. "사장님, 안녕하세요" 하고 말이다. 그러나 요즘 제대로 된 윗사람들은 먼저 인사를 건넨다. 아파트 경비에게도 항상 먼저 고개를 숙이던 사장이 있었다. 그런데 뭐가 좀 잘못돼서 구설수에 오르고, 기자들이 아파트로 쳐들어온 적이 있었다. 그러자 경비는 기자들을 막으며 "어허, 못 들어간다니까요⋯. 그럴 분이 아닌데⋯. 글쎄 안 계신다니까요" 하면서 다 막아주었다. 그런데 만약 그 사장이 평소에 인사도 안 하고 무뚝뚝한 사람이었다면? 아마 경비는 이렇게 이야기했을 것이다.

"어째 얼굴이 좀 험악하게 생겼더라고⋯. 지금 불 꺼져 있는데 안에 사람 있어요. 들어가 보세요. 어서~."

히틀러 같은 독재자들은 '로우앵글'로 자신을 촬영하도록 했다. 아래서 위로 올려다보도록 해서 권위가 있어 보이도록 한 것이다. 선글라스를 쓰는 독재자도 있었다. 자신의 눈동자를 감춰서 속마음도 감추려고 말이다.

아직도 이런 독재자 스타일의 경영이 통한다고 생각하는가? 시선을 낮추고 눈을 마주쳐 감정이 통하는 리더십을 발휘할 때다. 그러기 위해 먼저 눈을 마주쳐라, 미소와 함께. 망설이지 말고 Right Now!

Chapter 17

억지웃음도
효과가 있을까

—

남녀가 자고 난 뒤에 생기는 것은 무엇일까?

정답은 눈곱.

이런 유치한 개그를 하면 돌아오는 반응은 십중팔구 이렇다.

"에이, 썰렁해~."

그래도 한번 억지로라도 웃어보라. 그러면 훨씬 낫다. 유치한 개그 프로그램도 웃자고 마음먹고 시청하면 훨씬 더 재미있게 느껴진다. 억지웃음도 건강에 좋다는 말이 있지 않은가.

솔직히 나도 억지웃음의 효능에 대해 반신반의했었다. 20년 이상 코미디 프로그램을 만들어온 사람이기 때문에 억지웃음에 대해 비판적이었던 게 사실이다. 웃음 치료사들이 하는 '억지로 웃더라도 효과가 좋다. 왜냐하면 우리 뇌는 진짜로 웃겨서 웃는 것인지 아닌지를 구분하지 못하기 때문'이라는 말도 믿지 않았다. 그래서 코미디 프로그램에 억지로 가짜 웃음소리 효과음을 까는 것도 싫어했다.

그러던 중 웃음 요가의 창시자인 마단 카타리아 박사를 만나게 되었다. 인도의 의사였던 그는 왜 웃음 요가를 시작했는지에 대해 강의를 했다. 강의를 듣고 나서 나는 그에게 이런 질문을 했다.

"억지로 웃더라도 좋은 효과가 있다던데 사실인가요?"

그의 대답은 이랬다.

"그럼요. 인간의 건강과 아주 밀접한 것이 산소인데, 억지로라도 웃으면 뇌와 몸으로 가는 산소량이 많아져서 몸에 좋습니다. 웃음은 에어로빅 운동과 같은 효과가 있어요."

기대했던 만큼의 대답은 아니었지만, 그래도 산소의 공급이 많아져서 몸에 좋다니 억지로라도 웃어야겠다고 생각했다. 사실 오래 사는 사람들의 공통점은 오래 숨을 쉰다는 것 아닌가! 즉 산소를 끊임없이 공급해 줘서 산소로 안 가는 것이다.

친절 교육보다 유머 교육이 더 시급하다

중·고등학교 때 사회시간에 1, 2, 3차 산업에 대해서 배웠던 기억이 난다. 3차 산업을 서비스 산업이라고 분류했었는데, 이제는 모든 산업이 3차 산업이라는 생각이 든다. 모든 기업이 서비스 기업이 되었다. 다만 서비스의 종류와 질적인 수준만 차이가 있을 뿐이다.

얼마 전 이런 기사를 봤다.

'억지웃음 짓다 대인기피증, 서비스 근로자 위험, 타업종에 비해 우울증 비율 2~3배 높아.'

백화점에서 근무하던 28세의 김 모 양은 하루에도 수십 명씩 불만을 호소하는 고객들을 상대하면서도 싫은 표정 한 번 지을 수 없었고, 억지웃음을 지었다고 한다. 그러다가 가슴통증과 불안증세가 심각해지면서 대인기피증까지 생겨 결국 직장을 그만두었다고 한다.

고객만족 팀장으로 승진한 35살의 김 모 씨도 회식 도중 숨이 막히는 증상을 보이며 의식을 잃었다. 그리고 직무 스트레스를 인정받아 최근 산업재해 요양 판정을 받았다고 한다. 뿐만 아니다. 고객과의 상호작용이 더욱 밀접한 화장품 판매직이나 할인점 종사자들의 경우 타 업종과 비교해서 우울증 발생비율이 2~3배 이상 높게 나타났다고 한다.

영화 〈핸드폰〉이 생각났다. 마트에서 고객의 불만을 처리하던 주인공이 우연히 고객의 휴대전화를 주웠다. 주인을 찾아주려다가 휴대전화 주인의 무례함 때문에 살인까지 한다는 내용이다. 억지웃음을 짓는 서비스 업종 직원들의 스트레스가 얼마나 심했으면 이런 영화까지 나왔겠는가.

감정을 억누르고 '친절이 곧 생존'이라는 생각으로 일을 하다 보니 상당수가 우울증과 외상 후 스트레스 장애, 수면장애 등 다양한 정신질환에 시달린다고 한다. 실제 느끼는 감정과 밖으로 표출되는 감정이 너무나 달라서 생기는 정신병이랄까. 또한 전문가들은 하루 종일 억지웃음을 짓다 보면 면역력이 떨어져 신체와 정신 양쪽 모두에 문제가 생긴다고 한다.

여기서 한 가지 의문이 생긴다. 웃음 치료를 하는 사람들은 억지웃음도 좋은 효과를 낸다고 했는데, 왜 다른 전문가들은 억지웃음이 심각한 문제를 일으킨다고 하는 것일까? 똑같은 억지웃음이지만 웃음이 향하는 대상이 다르기 때문에 이런 차이가 생기는 것이다. 한마디로 '누구를 위하여 웃을 것인가?'에 따라 달라지는 것이다.

웃음 치료에서 말하는 억지웃음은 나를 향해 웃는 웃음이다. 억지로 웃더라도 나의 건강과 행복을 위해 웃고 있기 때문에 긍정적 효과가 나는 것이다. 그러나 백화점 직원들의 억지웃음은 '너'를 위한 것이다.

"손님, 정말 잘 맞으시네요. 모델인 줄 알겠어요. 호호호."

웃어도 웃는 게 아니고, 몸 따로, 마음 따로, 얼굴 따로, 정신 따로⋯. 이렇게 다 따로따로 놀다 보니 정신에 이상이 오고, 몸에도 이상이 오는 것이다.

비행기를 타보면 억지웃음을 많이 본다.

"손님, 뭘 드시겠어요? 아, 감귤 쥬스요? 이런 죄송해서 어쩌죠? 제주노선만 드리는 건데…. 오렌지 주스로 드리면 안 될까요?"

하지만 속으로는 이럴지도 모른다.

'주는 대로 먹지…. 이런 귤 까먹을 놈….'

물론 진심으로 미소를 짓는 승무원도 많이 있다. 하지만 피곤에 지쳐 억지로 웃고 있다는 인상의 '아름다운 사람들'과 '우리의 날개'도 많이 있다.

'손님을 위해 웃으라'는 친절 교육을 해봤자 자신이 피곤하면 어쩔 수 없이 이런 태도가 나온다. 이를 방지하려면 유머가 뿌리 깊이 박힌 직원을 뽑아야 한다. 그래서 최근에는 직원 선발부터 유머 있는 사람을 뽑기 위해 노력하는 회사가 많다.

대표적인 펀 경영 성공 사례인 '사우스웨스트 에어라인'의 경우를 살펴보자. 비행기 기장의 멘트도 매뉴얼에 따른 것이 아니라 자신들이 만들어서 개그콘서트를 하듯이 즐기고 있다.

"안녕하세요. 기장 마이클입니다. 오늘 비행기 타실 때 가슴이 두근두근하신 분 손 들어보세요. 제가 그렇습니다. 왜냐하면 비행기 운전이 처음이거든요. 놀라지 마세요. 오늘 처음이라고요. 우리 항공기는 라스베이거스 위를 날아갈 예정입니다. 도박을 하고 싶은 분은 뒷문을 열어드릴 테니까 뛰어내리세요. 살아날 확률이나 도박으로 돈을 딸 확률은 똑같습니다."

이제 기업의 친절 교육, 서비스 교육도 바뀌어야 한다. 손님을 위해,

매출을 위해 친절하게 웃으라고만 가르치면 금방 한계에 도달하고 만다. 자신을 위해 웃으라고 가르쳐야 한다. 아니, 가르치려 하지 말고, 스스로 느껴서 스스로 웃을 수 있는 환경을 조성해야 한다. 억지로 웃더라도 자신에게 도움이 된다는 확신이 들어야 열심히 웃을 것이다.

19세기 초 프랑스의 과학자 질라움 두센느드 볼로뉴는 단두대에서 사형당한 사람들의 머리를 통해 미소를 연구했다. 그 결과 진실한 미소는 눈 꼬리에 주름이 지는 반면, 거짓 미소는 입만 움직인다는 것을 발견했다.

여우주연상을 받을 때는 "아름다운 밤이에요~" 하며 눈꼬리에 주름이 지는 진짜 미소를 날리지만, 사인을 해달라는 팬들의 요구에는 "미안해요. 나중에…"라며 입가에 거짓 미소만 짓는 경우도 있다. 아무리 명연기자라도 진짜 웃음과 거짓 웃음은 표가 나게 되어 있다. 그러니 더 이상 직원들에게 거짓 미소와 억지웃음을 만들어내는 친절 교육은 하지 마라. 손님들도 금방 눈치 챈다.

웃고 있는 사람은 절대 병자가 없다

웃음은 엔돌핀을 생성한다. 엔돌핀은 알려진 대로 스트레스 해소에 가장 좋은 치료제이자 천연 진통제다. 또한 웃으면 암세포를 잡아먹는

NK세포를 14퍼센트 이상 증가시킨다고 한다. 최근에는 NK지수를 통해 면역력을 측정하는 상품까지 등장했다.

캘리포니아의 로마린다 의과대학의 리버크 교수와 스탠리 교수는 10명의 남성에게 한 시간 동안 코미디 프로그램을 보여주면서 혈액 속 면역체 증감에 대한 연구를 했다. 놀랍게도 웃을 때 '인터페론 감마 호르몬'의 분비가 200배나 증가했으며, 그로 인해 웃음이 바이러스에 대한 저항력을 향상시킨다는 것을 밝혀냈다.

같은 교실과 같은 직장에 바이러스가 퍼져도 면역력이 약한 사람만 병에 걸린다. 면역력이 곧 힘이고, 면역력은 웃음에서 나온다. 억지웃음이라도 웃어야 신종플루나 온갖 희귀 전염병을 예방할 수 있다. 억지로 웃더라도 남을 위해서가 아니라, 나를 위한 웃음이어야 진짜 효과가 있다. 주변을 보라. 웃고 있는 사람은 절대 병자가 없다. 그래서 병원에는 웃고 있는 사람이 별로 없나 보다.

테마파크에서 쉬면서 미래를 만나자

학교에도 10분간 쉬는 시간이 있다. 쉬는 시간은 원래 쉬~를 하라는 시간인데, 쉬도 안 하고 공부만 하는 학생이 있다. 독한 놈들이다. 처음에는 이런 학생들이 성공하는 듯 보이지만 세월이 흐르고 나니까 쉬는 시간에 잘 놀던 녀석들이 지금도 잘나가더라.

직장도 마찬가지다. 잘 노는 직원이 일도 잘한다. 당신이 마지막으로 테마공원에 가서 놀았던 적이 언제였는가? 테마파크의 사전적 정의를 내리자면 '주제라는 관념적 울타리를 갖는 공원'이다. 우리가 흔히 '놀이공원, 놀이동산'이라고 말하는 곳이다.

첫째, 테마파크에는 꿈이 있다

테마파크에 들어가면 완전히 다른 세상이 된다. 그래서 현재의 고민과 걱정을 잠시 내려놓게 된다. 월트디즈니는 계속되는 실패 속에 아파트 구할 돈도 없어 허름한 창고에서 생활했다. 벽에 난 구멍 사이로 빼꼼이 고개를 내밀던 쥐에게 빵부스러기를 나눠주면서 친해졌다. 쥐와 놀고 있는 순간만큼은 배고픔도 잊을 수 있었다. 그러다 문득 이런 생각을 했다. '그래, 이 쥐를 주인공으로 그리자.' 그게 바로 미키 마우스다. 그리고 만화영화로 큰돈을 번 뒤에 꿈을 현실화시킨 디즈니랜드를 만든다. 지금도 입구에는 이런 간판이 붙어 있다.

"Where Dreams Come True(꿈이 이뤄지는 곳)!"

둘째, 테마파크에는 사랑이 있다

나의 첫 번째 데이트 장소는 에버랜드였다. 첫 번째 신체적 접촉도 그곳이었다. 후룸라이드를 타면서 자연스럽게 허리를 감싸 안았다. 테마파크는 사랑의 공간이다. 그리고 가족들의 사랑을 확인하는 공간이다.

셋째, 테마파크에는 미래가 있다

테마파크의 건물, 놀이기구, 음식, 조경 등은 현재가 아닌 미래에 맞춰져 있다. 28년 전 디즈니랜드에서 먹었던 구슬 아이스크림이 정말 신기했는데, 요즘은 우리나라 마트에서도 팔더라. 모노레일은 실제 이동수단으로 쓰이고 있고, 평면 TV나 손바닥만 한 크기의 통신수단은 이제 우리 손 안에 있다. 3D 영화는 이미 수십 년 전부터 테마파크에 있었다. 그래서 테마파크를 자세히 관찰하면 미래가 보인다.

테마파크는 놀라운 비밀을 간직한 공간이다. 세상에서 단위 면적당 행복한 사람들이 가장 많은 곳이다. 그곳에는 우는 사람이 없다. 웃는 사람들뿐이다. 이렇게 웃다 보면 걱정도 사라지고, 충분한 휴식도 취할 수 있고, 가족과의 관계도 돈독해지고, 무엇보다 미래에 대한 시야를 넓혀줘 새로운 계획을 세울 수 있다는 큰 장점이 있다. 테마파크에서 웃다 보면 밝은 미래가 보인다.

Chapter 18

유치의 극치를
달려야 이긴다

—

'마크 트웨인' 하면 가장 먼저 떠오르는 것은?

《톰 소여의 모험》

그렇다. 개구쟁이 톰 소여가 가장 먼저 생각난다. 특히 담장에 페인트칠 하는 장면이 가장 먼저 떠오른다. 자신이 가장 하기 싫은 일인데도 아주 재미가 있는 척 페인트칠을 하니까 친구들도 서로 자기도 해보자며 안달복달 난리가 난다.

톰 소여는 돈까지 받아가며 친구들에게 페인트칠을 시켰다. 가만 생각해보면 톰 소여는 마크 트웨인 자신의 모습이었을지도 모른다. 사람들은 대부분 그를 소설가로만 기억하고 있다. 그런데 촌철살인의 명언을 남긴 비평가였으며, 삶을 제대로 즐길 줄 아는 진정한 유머리스트였다는 게 공통된 평가다. 만약에 그가 오늘날까지 살아 있었다면 자니 카슨이나 제이 레노 같은 토크쇼의 명사회자로 이름을 날렸을 것이다.

그의 명언 몇 가지를 소개하자면 다음과 같다.

"좋은 책을 읽지 않는 사람은, 그것을 읽을 줄 모르는 사람보다 나은 것이 없다."

"침대는 세상에서 가장 위험한 장소다. 80퍼센트 이상의 사람들이 거기서 사망하니까."

"좋은 칭찬 한마디에 두 달은 살 수 있다."

"나는 천국이 어떻고 지옥이 어떻다는 말은 하고 싶지 않다. 양쪽 다 내 친구가 있기 때문이다."

"격언을 생각해낸다는 것은 좋은 행동을 하는 것보다도 훨씬 어려운 일이다."

"인간이 80세로 태어나 18세를 향해 늙어간다면 행복하리라."

이 한 줄의 명언에서 힌트를 얻어 탄생한 소설과 영화가 무엇인지 아는가? 바로 <벤저민 버튼의 시계는 거꾸로 간다>이다.

마크 트웨인의 명언 중 내가 제일 좋아하는 것은 바로 이것이다.

"세계 최고의 칼잡이는 세계 두 번째 칼잡이를 절대 두려워하지 않

는다. 그가 두려워하는 것은 한 번도 칼을 잡아본 적이 없는 무지한 적이
다."

쌈마이가 무서운 이유

왜 최고의 사무라이는 니마이보다 쌈마이를 더 두려워하는 것일까?
그것은 일정한 패턴이 없기 때문이다. 최고의 칼잡이들은 모든 칼잡이
의 수를 먼저 읽는다. 눈빛만 봐도, 발가락 움직임만 봐도, 칼이 어디로
날아올지 짐작할 수 있다. 그러나 쌈마이들은 다르다. 무식하게 무지막
지하게 칼이 날아오니까 패턴을 읽지 못한다. 그러다가 재수 없게 실수
로 푹 찔리면 한 방에 가는 거다.

잠깐! 니마이와 쌈마이라는 용어를 잘 모르거나 처음 들어본 분을 위
해 간단히 설명하고 넘어가겠다. 최근 <쌈, 마이웨이>란 드라마 때문에
젊은이들도 아는 사람은 알 것이다. 이 두 단어는 모두 일본어로 '니마
이'는 2쪽, '쌈마이'는 3쪽이라는 뜻이다. 영화판에서도 비슷한 의미로
사용하고 있는데, 마구잡이로 어수룩하게 만든 영화를 쌈마이라 부른
다. 반대로 드라마가 제대로 짜인 것, 좋은 대본을 통칭해서 니마이라고
부른다.

이 말의 유래는 이렇다. 보통 대본을 보면 표지가 있고, 그다음 페이
지에는 주연 누구누구라고 적혀 있다. 이 주연이 적힌 장이 니마이(2쪽)

다. 그래서 제대로 된 대본을 니마이라고 부른다. 반면 쌈마이는 그다음 장인 3쪽을 가리키는데, 3쪽에는 조연과 엑스트라, 행인 1, 2등이 적혀 있다. 그래서 후진 것, 제대로 되지 않은 것, 엉터리란 뜻으로 쓰이게 된 것이다.

9·11 사태를 생각해보라. 테러를 방지하기 위해 미국은 온갖 첩보망을 동원해서 막아보려 했다. 하지만 민간기를 이용해서 그렇게 무식하게 공격할지 누가 알았겠는가. 이제 상대를 따라잡기 위해 벤치마킹을 하는 시대는 끝났다. 완전히 새롭고 유일한 것, 전복적인 것만이 살아남는다.

1994년 우리나라에 케이블 TV가 상륙할 당시, 장난삼아 팩스로 넣은 이력서 때문에 나는 네 군데 케이블 방송국에 합격했다. 최종 결정을 하는 순간 영화에 대한 미련을 버리지 못해 대우그룹에서 만들었던 DCN(지금의 OCN)에 취직했다.

그 회사에 대리로 입사한 나는 첫 출근 다음 날 미국 출장을 떠나야 한다는 소리를 듣고 바로 뉴욕으로 날아갔다. 미국의 HBO로 한 달간 연수를 보낸 거다. 세계 최고의 영화 채널에서 연수를 하며 그들을 벤치마킹하는 것이 나의 임무였다. 쉽게 말해 베껴오라는 거였다. 지금도 나 스스로 대견하고 자랑스러운 점은 우리나라 영화채널에서 사용하는 편성 시스템을 내가 구축했다는 점이다.

그러나 벤치마킹의 시대는 이제 끝났다. 2등만 해도 먹고 살던 때에는 벤치마킹으로 1등을 카피해서 먹고 살 수 있었다. 하지만 디지털 혁명의 시대를 거치면서 '모 아니면 도', '대박 아니면 쪽박'인 시대가 되었다. 1등만 살아남는다.미풍이 미원을, 크라운맥주가 오비맥주를, 농심 라면이 삼양라면을 추월할 때 그들은 단순히 벤치마킹을 한 것이 아니었다. 결정적인 '한방'으로 따라잡았다.

지금도 삼양라면을 볼 때마다 아쉬운 점이 있다. 삼양라면 대리점을 하던 아버지가 줄기차게 삼양 측에 제안했던 아이디어가 있었다. 그때만 해도 사람들이 '니글니글'한 라면을 끓여 먹으면서 스프와 함께 고춧가루를 더 넣거나 김치를 추가하는 걸 보시곤, 스프에 고춧가루를 첨가하자고 제안했었다. 그러나 항상 잘나갔던 1등 라면회사 삼양에서는 한 귀로 흘렸다. 그러나 만년 2등이었던 롯데라면은 회사 이름도 농심으로 바꿨을 뿐 아니라, 탕맛을 가미하여 맛을 낸 안성탕면과 고춧가루를 첨가한 신라면을 히트시키면서 삼양라면을 한방에 날려 버렸다. 그런데 요즘은 또 오뚜기라면의 성장세가 무섭다. 역시 절대 강자는 없나 보다.

이제는 듣도 보도 못한 새로운 기술에 도전해야 한다. 이런 듣도 보도 못한 기술, 줄여서 '듯보기'를 향해 우리는 흔히 이렇게 말한다. "뭐야, 유치해!"

유치함은 상상력을 폭발시킨다

개그 중에도 난 유치 개그를 즐긴다. 예를 들어볼 테니 아래 다섯 문

RE 유머가 이긴다

제 중에 몇 개나 맞출 수 있는지 도전해보라.

1. 세상에서 제일 빠른 닭은?
2. 제일 섹시한 닭은?
3. 제일 망한 닭은?
4. 죽은 닭은?
5. 그럼 미친 닭은?

답 : 후다닥, 홀딱, 쫄딱, 꼴까닥, 헤까닥

몇 개를 맞췄느냐가 중요한 것이 아니라 몇 번 웃었느냐가 중요하다. '유치하다'의 사전적인 의미는 '나이가 어리다, 수준이 낮거나 미숙하다'이다. 그래서 유치원이다. 그런데 유치한 것이 나쁜 건가? 아니다. 오히려 상상력과 창의력은 어린 아이들이 뛰어나다.

SBS FM의 <아름다운 이 아침, 김창완입니다>란 프로그램에서는 '짱구는 못 말려'라는 코너가 있었다. 여기 소개된 아이들의 에피소드를 들으면 정말이지 웃음을 참을 수가 없었다.

집에 들어가니 딸아이가 꿀 항아리를 깨뜨렸더군요. 바닥에 앉아 꿀을 닦고 있는 아이에게 막 야단을 쳤더니 딸이 그러더군요.

"엄마는 꿈이 소중해, 딸이 소중해? 꿈은 돈 주고 살 수 있지만 딸은 돈 주고 살 수 없잖아."

드라마를 보는데 키스신이 나오니까 여섯 살 난 아들 짱구가 이불 속에 숨더군요.
"짱구야, 사랑하는 사람끼리는 저렇게 뽀뽀를 하는 거야. 아들도 엄마 사랑하지?"
"응."
"그러면 엄마랑 뽀뽀!"
그랬더니 아들이 이러더군요.
"엄마···. 그럼 눈감고 고개 옆으로 돌려야지."

아이들은 아직 어른들처럼 사고가 패턴화되지 않았기 때문에 유치해 보일 수 있다. 그러나 고정관념이 박혀 있지 않아서 오히려 뛰어난 상상력을 갖고 있다.
"얼음이 녹으면 뭐가 되죠?"
당신은 물이 된다고 대답하겠지만 아이들은 '봄이 된다'고 말한다. 학교라는 공장에서 교육이란 핑계로 아이들의 상상력을 죽이는 것이 아닌지 매우 걱정된다. 초등학교 1학년 때 웃으면서 입학한 아이들이 고등학교 3학년 때는 울상이 되어 졸업하지 않는가? 그런 걸 보면 정말 걱정된다.

당신도 혹시 상대방이 조크를 하면 "썰렁해~" 하면서 상대방의 상상력을 죽이고 있지 않는가? 회의시간에 부하직원이 내놓은 설익은 아이디어에 대해 "유치하기는!" 하며 기를 죽이지는 않는가? 창조적인 사고는 상상력에서 출발하고, 그 상상력은 유치함이 불을 붙여준다. 이제 유치함에 빠져보자. 유치함이 힘이다.

더 유치하다면 당신이 이긴 거다

최근 부쩍 강연 요청이 늘었다. 주로 기관과 기업체에서 요청이 온다. 어떤 날은 하루 여섯 번까지 강의를 하기도 했다. 강릉, 인천, 제주도를 하루에 돌며 우리나라가 정말로 삼 면이 바다라는 것을 체험한 적도 있다. 이렇게 많은 강의를 소화할 수 있는 방법이 무엇인지 궁금하지 않은가? 나와 똑같이 생긴 사람을 고용해서 겹치는 강의에 대신 보내고 있기 때문이다. 그러니 혹시 내 강의가 별로였다면 '아~, 저놈은 알바구나!' 이렇게 생각하라.

강의를 많이 하다 보니 명강의가 뭔지 이제야 조금 알겠다. 강의 내용 중에 딱 한 가지라도 듣는 사람들의 가슴에 남아 실천하도록 만든다면, 그것이 정말 좋은 강의다. 그래서 나는 매일 좋은 강의가 되기 위해 강의 마지막에 딱 하나씩 유치한 약속을 한다. 말 그대로 유치한 약속이다. 가령 손을 씻어라, 밥은 꼭꼭 씹어 먹어라, 우측 통행하라, 제발 담배 좀 피우지 마라….

왜 이런 유치원 때 다 배웠던 이야기를 반복할까?

사실 우리가 알아야 할 모든 것은 유치원에서 이미 다 배웠다. 하지만 이걸 잊어버리고 살기 때문에 삶이 고달픈 거다. 기초로 돌아가자. Go back to the basic(기본으로 돌아가자)!

고로 유치해지자!

창조적인 사고를 하는 비법은 많이 들어봤을 것이다. 관찰하라, 뒤집어봐라, 상상하라, 이미지화하라, 결합해봐라 등 별로 새로울 것도 없다. 그 모든 것이 바로 유치원 놀이터에서 하는 아이들의 유치한 장난 속에 다 들어 있으니 말이다. 그러니까 당신도 유치해져야 한다.

우선 앞에서 보았던 유치한 닭 퀴즈 다섯 문제를 다섯 사람에게 퍼뜨려 보라. 벌써 잊었다고? 그럼 '다시 보기'를 하라. 인터넷 다시 보기는 유료지만, 이 책의 다시 보기는 공짜다.

닭 퀴즈를 할 때 상대방이 "썰렁해!", "유치해!"라는 소리를 한다면 당신이 더 크게 웃어라. 그리고 속으로 생각해라. '넌 이미 나에게 졌어, 인마.' 앞으로는 당신도 상대방에게 '썰렁해', '유치해' 이런 소리는 절대 하지 마라. 그냥 '하하하' 웃어줘라. 아이들이 제일 많이 하는 것이 바로 이유 없이 웃는 것이다. 웃으면 복이 오고, 웃으면 이기는 거다. 아이들 같지 않으면 천국에도 못 간다.

유치찬란한 내일을 위해 우리 모두 유치의 극치를 달리자!

RE 유머가 이긴다

유머력 키우기 3단계 ㅣ 유머로 인생을 아름답게 한다

웃으면서 화내는 방법

우리는 희로애락을 느끼며 살고 있다. 그런데 기쁘고 슬픈 감정은 겉으로 잘 표현하지 않으면서 유독 화를 내는 건 얼굴에 확 드러난다. 화를 내서 우리가 얻게 되는 건 스트레스뿐이고, 화는 오히려 수명을 단축시킨다.

미국 듀크대학의 레드포드 윌리엄스 박사는 《분노가 죽인다》라는 책에서 화를 잘 내는 사람들이 낙천적인 사람에 비해 50세 이전에 죽을 확률이 5배나 높다고 밝혔다. 혹시 이 책을 읽고 있는 분들 중 나이가 50세가 넘었으니 생긴 대로 살겠다고 하는 분도 있을 것이다.

뭐, 50세는 넘겼으니 그냥 쭉~ 화내면서 살 수도 있겠지만, 이 연구 결과를 보면 생각이 좀 달라질 것이다.

엘머 게이츠 박사는 우리가 내쉬는 숨을 가지고 실험을 했다. 화를 내는 사람, 슬퍼하는 사람, 후회하는 사람, 기뻐하는 사람의 숨을 각각 채취하여 액체 공기로 냉각시켜 침전물을 모았더니 색깔이 각각 달랐다고 한다.

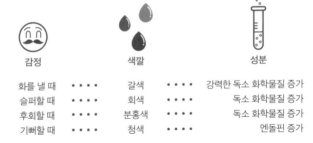

감정		색깔		성분
화를 낼 때	• • • •	갈색	• • • •	강력한 독소 화학물질 증가
슬퍼할 때	• • • •	회색	• • • •	독소 화학물질 증가
후회할 때	• • • •	분홍색	• • • •	독소 화학물질 증가
기뻐할 때	• • • •	청색	• • • •	엔돌핀 증가

화를 낼 때 나오는 갈색 침전물을 쥐에게 주사했다. 결과는? 몇 분 만에 죽어버렸다. 기뻐할 때 나오는 청색 침전물을 쥐에게 주사했더니 처음보다 월등히 활력이 넘쳤다고 한다. 만일 한 사람이 한 시간 동안 화를 낸다면 80명 정도의 사람을 죽일 수 있는 독소가 발생한다는 것이 게이츠 박사의 결론이었다. 오늘 당신은 몇 명의 부하직원을, 몇 명의 가족을 죽이고 있는가….

왜 화가 날까

미국으로 이민 간 친구의 실화다. 평소에도 걸핏하면 화를 잘 내던 녀석인데 금요일 밤, 옆집에서 밤새도록 파티를 하더란다. 그래서 창문을 열고 소리를 질렀다.

"야, 너희들 지금 몇 신 줄이나 알아?"

그런데 이걸 영어로 이렇게 말했다고 한다.

"Hey~, You know! What Time is it Now(몇 신 줄 아니)?"

그랬더니 옆집 청년들이 "It's 2 O'clock(2시야)!"라고 대답했단다. 그래서 내 친구는 "음… 땡큐!" 이랬다고 한다. 오히려 영어를 잘했더라면 옆집 하고 사이만 안 좋아질 뻔했다.

화를 잘 내는 사람은 잘나고 똑똑한 사람이 많다. 화를 내면서 상대방을 고쳐놓으려고 하는 것이다. 하지만 화를 내서 누군가를 고쳐놓았다는 얘기를 들어본 적이 있는가? 화가 날 법한데도 독배를 마시며 죽어간 소크라테스의 말을 명심하라.

"나는 오직 하나밖에 모른다. 내가 아무것도 모른다는 사실을…."

우리가 화를 내는 또 하나의 이유는 자제력을 잃었기 때문이다. 우리에게는 균형감각이 필요한데, 한쪽이 열정이라면 다른 한쪽은 자제력이다. 자제력을 잃은 열정은 어디로 튀어나갈지 모른다. 특히 비즈니스맨에게 필수적인 게 자제력이다. 주먹을 꽉 쥔 사람은 결코 현명한 판단을 할 수 없다. 아들 때문에 화 한 번 제대로 내고 게임 값 확실히 물은 어느 재벌 총수도 있지 않은가?

링컨은 화를 잘 내는 청년 장교에게 이렇게 말했다.

"좁은 골목에서 개와 마주쳤을 때 정당한 권리를 주장하다가는 개에게 물리기 쉽다네. 개에게 물리기보다 길을 비켜주는 게 더욱 현명한 법이지. 설사 개를 잡아 죽인다고 하더라도 자네에게는 상처가 남을 것이라네."

웃으며 화내는 고급 기술

화가 날 때 무조건 참으라는 얘기인가? 그건 아니다. 화를 참으면 그게 더 큰 병이 되니까. 화를 내라, 하지만 웃으면서 화를 내라.

고등학생 때 시청 앞을 지나는데 고급 승용차가 옆에 섰다. 아줌마 운전자가 창문을 내리면서 나에게 길을 물었다.

"야, 여기 세종문화회관이 어디니?"

바로 반말이다. 우리나라 어른들 중에는 나이를 먹으면 어린 사람에게 무조건 반말을 해도 된다고 잘못 알고 있는 사람들이 꽤 많다. 나는 화를 참으며 최대한 친절하게 가르쳐드렸다.

"저 앞에서 우회전을 하시고 계속해서 쭉~ 가시면 됩니다. 사모님, 안전운전 하세요."

난 반대쪽으로 알려줬다. 지금도 세종문화회관을 못 찾았으면 좋겠다.

한 번은 잠을 자고 있는데 새벽 2시에 전화벨이 울렸다.

"이봐요! 당신 차를 왜 이따위로 주차해놓은 거야. 골목을 막고 있으면 어쩌라고!"

뭐라 대꾸할 틈도 없이 전화가 뚝 끊어졌다. 당신 같으면 어떻게 하겠는가? 다시 전화를 걸어서 "야, 인마! 우리집은 차 없어, 왜 잘 알아보지도 않고 밤중에 전화질이야"라고 화를 내겠는가? 아니다. 그러면 똑같은 사람이 되는 것이다. 이럴 때 웃으면서 화내는 법이 필요하다.

다음 날 똑같이 새벽 2시에 그 집으로 전화를 건다. 그리고 이렇게 말하라.

"선생님, 저희 집에는 자동차가 없는데요."

새 차를 뽑고 며칠 뒤에 영동대로를 달리는데 뒤에서 택시가 내 차의 범퍼를 받았다. 일단 뒷목을 잡고 차에서 내리며 "어이구, 목이야…. 에이…. &%^*&%$#$@*%"라고 욕을 할 수도 있었지만, 그냥 가시라고 했다.

이유는 간단하다. 범퍼의 용도를 생각해보라. 차를 보호하기 위해 범퍼가 있는 게 아니라 나를 보호하기 위한 것이다. 내가 무사하면 됐지 범퍼에 '기스'가 났다고('기스'는 물론 표준어가 아니지만, 차 사고에서는 '기스'라는 표현이 왠지 어울린다) 대로 한복판에서 차들을 막고 싸울 필요가 뭐 있겠는가.

제발 이제는 범퍼 좀 긁혔다고 소동 좀 부리지 말자. 그렇게 소동 부리는 사람에게 한마디 하라. "보험처리 해드릴게요. 보람상조로 연락하면 되죠?"

화가 날 때는 1, 2, 3을 생각하라

이제부터 화가 날 때는 천천히 속으로 1, 2, 3을 세면서 생각하라.

1. 화를 내면 내 수명이 단축된다. 그래도 화가 나면 2를 생각하라.
2. 화를 내면 내가 게임 값 물어줘야 된다. 그래도 화가 나면 3을 생각하라.
3. 삼···. 삼이 뭐더라···.

그렇게 잠시만 흥분을 가라앉히면 화낼 일이 눈 녹듯이 사라진다. '디게 화를 내면' 어떻게 될까? 'D+Anger=Danger' 위험하게 된다. 유머가 정말 필요한 이유는 여유를 가져다주기 때문이다. 어차피 떠나면 그만인 것을···. 한번 웃으면 모든 게 평화롭다.

Part 04
—

유머리스트 비법 전서
상황별 실전 매뉴얼

Chapter 19

파티에서
'킹왕짱' 되는 법

—

연말연시가 되면 더욱 즐거워진다, 밥 먹으러 오라는 곳이 많아서. 그런데 언제부턴가 날 부르는 곳이 좀 줄긴 줄었다. 내 인간성 때문인가 했더니, 그건 아니고 불황 때문이라고 한다. 모임도 줄고 모이는 인원수도 줄고…. 참 걱정이다.

이런 불경기일수록 연말파티에 가면 분위기를 팍팍 띄워주는 '킹왕짱'이 되어야 한다. 빼지 말고 노래도 신나게 부르고, 춤도 미친 듯이 추고, 재미있는 조크로 웃음을 터뜨려보라. 나서면 오히려 썰렁해지니까 가만히 있는 것이 도와주는 거라고? '가만히 있으면 중간이라도 가는' 시대는 갔다. 다들 한 발짝 앞서가기 때문에 가만히 있는 당신만 뒤처지고 있는 것이다. 그래서 연말파티에서 킹왕짱 되는 법을 속성으로 알려주겠다.

"꼭 연말에만 써야 합니까? 일반 회식이나 파티에서 사용하면 안 되나요?"

답답한 소리는 이제 그만! 모든 파티에서 당신을 킹왕짱으로 만드는 법이다.

유머의 관건은 타이밍, 때를 찾아라

코미디언 황제 밥 호프는 이렇게 말했다.

"코미디는 타이밍이다."

파티에서 유머를 사용하기 가장 좋은 때를 골라야 한다. 적절한 시기에, 적절하게 한 방 날려주는 것이 중요하다. 그럼 언제가 가장 좋은 때일까? 처음이 제일 좋다.

영국의 여왕 엘리자베스 2세가 미국을 방문했을 때의 일이다. 주최 측의 미숙한 준비로 키가 좀 작은 여왕은 자신보다 훨씬 높은 단상 뒤쪽에 서게 되었고, 그 바람에 앞에서는 단상에 가려져 여왕이 잘 보이지 않았다. 그날 석간신문에는 모자밖에 보이지 않는 영국 여왕의 사진과 함께 '말하는 모자'라는 캡션이 실렸다.

사실 영국 입장에서 보면 무척 불쾌한 일이었을 것이다. 하지만 다음 날 여왕은 이렇게 연설을 시작했다.

"오늘은 제가 제대로 보였으면 합니다."

별로 웃기지도 않는 얘기지만 적절한 타이밍에 던진 첫마디였기에 사람들은 환호하며 기립박수까지 쳤다.

파티에서도 마찬가지다. 첫 만남에 건성으로 인사하는 사람들이 의외로 많다. 첫인상이 중요하다는 것을 알 만한 사람들이 왜 처음에는 인상부터 쓰는 것일까? 처음에는 건성으로 인사를 받다가 '오늘 강연할 연사'라고 옆사람이 다시 소개하면 그제야 "아, 그러세요…. 몰라 봤습니다. 이리로 오시죠" 하고 호들갑을 떠는 사람이 많다. 연사가 아니면 인사를 대충 해도 된다는 생각인가?

첫인사는 강렬하게

쭉 늘어선 사람들과 악수를 하며 인사하는 고위층 인사 중에는 손은 앞사람을 붙잡고 있으면서 눈은 다음 사람을 미리 쳐다보고 있는 경우가 의외로 많다. 인생관이 얼마나 미래 지향적인지는 몰라도 악수하는 사람 입장에서는 무척 불쾌한 일이다. 인사할 때 자신의 이름도 똑바로 말하지 못하고 어물쩍 넘어가는 사람도 있다. 엄마에게 다시 가서 말하

RE 유머가 이긴다

는 법부터 다시 배워야 할 듯하다. 첫인사를 강력하게 해야 첫인상이 오래 남는다. 첫인사를 하며 조크를 날려보라. 처음 만나는 사람에게 사용하기 좋은 인삿말 몇 가지 소개해보겠다.

"어디서 뵌 분 같은데, TV에 나오셨죠? 뉴스 말고요, 드라마에…."
"어쩌죠? 명함이 다 떨어졌네요. 주민등록증이라도 드릴까요?"
(악수하며) "골프 잘 치시죠? 그립을 제대로 잡으시는 걸 보니 싱글인가 봐요."

구면인 친구들과도 "오랜만이다. 잘 있었니?" 이런 틀에 박힌 인사보다는 좀 더 새롭고 재미있는 인사를 구사해보라.

"너 요즘 약 먹는 거 있지? 젊어지는 약! 나도 좀 나눠 먹자."
"넌 어째 나이를 거꾸로 먹는 것 같아…. 이러다 내년에는 기저귀 차고 나오겠어."
"미안, 지방에서 오느라고 늦었어. 니들도 지방에서 왔지? 각자 지방에서 왔잖아."

어떤 모임이든 가보면 마이크를 잡는 사람들은 '하품 유발 자격증'이라도 받았는지, 아주 지루하기 짝이 없다. 제발 당신이 마이크를 잡는다면 세 번 정도 웃음을 터뜨리게 하든지, 그럴 자신이 없다면 무조건 짧게 말하라. 그러면 박수가 크게 나올 것이다. 이렇게 시작해보는 것은 어떨까.

"말을 짧게 하려고 작은 종이에 적어왔는데, 너무 작아서 잃어버린 모양입니다. 그냥 하던 대로 길게 할게요."
"어머니가 항상 그러셨죠. 음식을 앞에 두고는 말을 길게 하는 게 아니라고. 밥 먹고 합시다~."
"말 한 번 잘못 사주거나, 말 한번 잘못했다가 큰코다칩니다. 그래서 저는 인삿말을 가급적 짧게 합니다. '안녕!'"

썰렁한 순간을 위한 애드립

유머를 사용할 때 신경 써야 하는 것은 유효기간이다. 신선도가 떨어지는 유머는 썰렁할 뿐만 아니라 좀 찝찝하기까지 하다. 그래서 계속 업데이트를 해줘야 한다. 그런데 아무리 준비를 해도 썰렁해지는 순간이 있다. 돈 워리Don't Worry! 그때를 위한 애드립을 몇 가지 준비하면 된다.

개그맨들도 안 웃길 때가 있거든요. 그러면 이렇게 말하죠.
(옆 친구를 툭 치면서) "거봐, 이거 하지 말자고 했잖아."

토크쇼의 대부인 미국의 자니 카슨도 안 웃기는 순간에는 이렇게 말을 했다고 합니다.

"난 이 얘기로 밥 먹고 사는데…. 오늘은 굶어야겠네요."

주변에 남들의 우스갯소리나 조크를 즐기지 못하고 만날 "썰렁하구만!"을 연발하는 유머 결핍증 환자들이 많다. 이들은 유머 세포가 딱딱하게 굳어 버려서 웬만한 유머가 아니면 콧방귀도 안 뀐다. 이런 사람들에게 기죽지 말고, 썰렁하다고 공격받는 순간에도 이를 위한 자신만의 애드립을 준비해보라.

"오늘 저 시간 많아요. 웃을 때까지 할 겁니다."
"제 조크가 이런 식이에요. 이런 조크 300개 준비했으니까 빨리 익숙해지는 게 좋을 거예요."
"유머의 가장 큰 덕목은 배려입니다. 도와주십쇼."
"난 뭐 들었던 얘기를 했을 뿐이고…. 안 웃으면 좀 쪽팔릴 뿐이고."
"썰렁하다고요? 보일러 댁에 아버님 놔드릴까요?"

최종점검, 준비하고 연습하고 다시 준비하자

파티에서 킹왕짱 되는 법을 다시 한번 정리해보았다.

1. 재미있는 자기소개를 준비할 것

2. 첫 인사에 써먹을 수 있는 유머를 준비할 것

3. 마이크 잡았을 때 대중에게 사용할 유머를 준비할 것(예상치 못한 일이라 할지라도)

4. 처음 만나는 사람에게도 통할 수 있는 적절한 조크를 준비할 것

5. 썰렁해지는 순간에도 자신감을 잃지 말고 밀어붙일 것

6. 그래도 사람들이 안 웃으면 자신이 효과음을 낼 것. '하하하!'

7. 그러다가 남들이 이상하게 쳐다보면 재빨리 다른 테이블로 이동할 것

8. 처음부터 다시 시작할 것

끝으로 파티에서 바로 써먹을 수 있는 따끈따끈한 유머 하나!

"우리나라에 왜 치매 환자가 많은지 아세요? 치맥을 많이 먹어서 그래요. 치맥을 먹다가 ㄱ(기억)이 떨어지면 치매가 되거든요."

그리고 조크를 하기 전에 꼭 물어보라.

"혹시⋯《RE 유머가 이긴다》라는 책을 읽으셨나요?"

RE 유머가 이긴다

Chapter 20

무대에서
마이크 잡고
웃기는 법

—

남을 웃기기는커녕, 아직도 마이크를 잡으면 온몸에서 식은땀이 흐르는 사람이 많다. 가슴이 두근두근하고, 입안은 바짝바짝 마르고, 갑자기 배도 살살 아픈 것 같고, 귀에서는 환청까지 들린다.

'괜히 마이크 잡았어…. 괜히 마이크 잡았어….'

쉽게 말하면 이걸 '무대 공포증'이라고 한다. 심장 발작의 의학적 전조 증상과 별로 다르지 않다.

초등학교 4학년 때 학교 대표로 웅변대회에 나갔는데, 내가 덜덜 떨고 있으니까 선생님이 이렇게 말씀하셨다.

"상훈아, 떨지 말고 잘할 수 있다고 긍정적으로 생각해봐."

"네, 선생님! 긍정적으로 생각할게요. 그러니까 선생님도 제가 떨어지더라도 긍정적으로 생각해주세요."

무대 공포증은 마음먹기 나름이다. 다음의 다섯 가지 처방 중에 자신에게 맞는 것을 골라서 활용해보라.

· 첫째, 관객과 자리 바꾸기

우리는 흔히 '입장 바꿔 생각해보라'는 말을 자주 한다. 객석에 앉아 있을 때 떨리거나 긴장되었던 적이 있는가? 없을 것이다. '무대 공포증'이라는 것은 있지만 '객석 공포증'은 없기 때문이다. 무대 공포증은 자기중심적 고통이다. 나는 무섭다, 나는 떨린다, 나는 곧 실수할 것이다, 나는 곧 기절할 것이다, 나는… 등등 입장을 바꿔보라. 관객은 당신의 멋진 연설을 기대하고 있다. 그런데도 당신은 떨고만 있을 것인가.

· 둘째, 운동으로 준비한다

일단 크게 심호흡을 해보라, 후~. 이번에는 스트레칭, 하나 둘….

목을 시계방향으로 돌려보라. 전자시계라 시계방향이 어느 쪽인지 모르겠다고? 너무 긴장하셨군.

그렇다면 손바닥의 정중앙을 엄지손가락으로 꾹 눌러보라. 떨지 않게 해주는 지압법이다. 유명한 한의사가 알려준 것인데 그분은 너무 유명해서 호까지 있는 분이다. 호가 뭐냐면…. '야매'다. 하하하! 이렇게 웃다 보면 긴장이 풀린다. 크게 웃어보라.

· 셋째, 컨닝 페이퍼를 준비하라

그래도 떨린다면 컨닝 페이퍼를 준비하라. 몇 개의 단어만 쪽지에 적어라. 절대로 손바닥에는 적지 마라. 악수하면 다 지워진다. 당신이 정치인이라면 더더욱 손바닥을 컨닝 페이퍼로 사용하지 말기 바란다. 미국 트럼프 대통령처럼 꽉 쥐고 악수하는 사람을 만나면 다 지워질 테니까.

그런데 한 가지 명심할 것은 컨닝 페이퍼를 준비하는 이유는 중간에 펼쳐보라는 것이 절대 아니다. 잊어버려도 믿을 구석이 있다는 사실에 안정감을 느끼기 위해서 준비하라는 것이다. 그리고 무대에 오르기 직전까지 연습하기 위해 사용하라는 것이다.

· 넷째, 무대에 먼저 서봐라

스타들은 가장 늦게 나타난다? 천만의 말씀! 진정한 스타는 자신이 설 무대에 제일 먼저 와서 철저하게 준비한다. 마이클 잭슨의 마지막 작품이 되어버린 〈This is it〉이란 다큐멘터리를 봐도 분명하다. 스타들은 철저하게 사전준비를 한다.

당신도 떨지 않으려면 미리 무대에 서보라. 스타도 리허설을 하는데, 당신은 리허설도 없이 무대에 선다는 게 말이 되는가? 특히 행사가 있는 장소에는 지각하지 말고 일찍 도착하라. 안 그래도 무대에 서는 게 긴장되는데, 지각까지 해서 발을 동동 구른다면 그야말로 대책이 없다.

• 다섯째, 두 번째 무대라고 생각하라

무대에서 내려오면 누구나 이런 생각을 한다. '한 번만 더 하면 훨씬 잘할 수 있는데….' 그러나 프로의 세계에 다음이란 없다. 그래서 리허설을 첫 무대로 생각하고 모든 것을 쏟아부어야 한다. 그리고 진짜 무대를 당신에게 주어진 두 번째 무대로 생각하고 부족했던 부분을 보충하라. 그러면 편안해진다.

처음 30초에 승부를 보라

'시작이 반'이라는 말이 있다. 마이크 앞에서는 특히 그렇다. 첫 문장으로 사람들의 시선을 끌지 못한다면 그 연설은 실패다.

내가 영화를 공부하던 1980년대만 하더라도 영화의 성패는 처음 15분에 결정된다고 배웠다. 그런데 요즘은 처음 3분이 재미없으면 관객들이 하품을 한다. 마찬가지로 마이크 앞에 서서 30초 안에 승부를 보지 못한다면 관객들은 눈을 감아버린다.

말콤 글래드웰의 《블링크》라는 책을 보니까 2초 동안 무의식 영역에서 모든 판단이 이뤄진다고 한다. 첫 2초 동안에 웃길 수는 없겠지만, 이야기를 시작하기 전에 좌중을 바라보고 '씩~' 하고 웃어주는 것은 할 수 있다. 그렇게 웃고 나서 상대방을 웃기는 방법은 무엇일까?

전통적인 방법인 퀴즈로 시작하면 확실하게 웃음을 터뜨릴 수 있다.

"사랑하는 사람들은 헤어질 때 이렇게 말하죠.
'잘 자. 내 꿈 꿔!'
그럼 사랑하는 개들은 어떻게 말할까요?
'잘 자. 개 꿈 꿔?'
아니죠. 그냥 '멍멍' 합니다."

아무 퀴즈나 하는 것이 아니라 말하려는 주제와 관련이 있는 것을 골라야 한다. 예를 들어 '절약', '소비생활'에 관한 이야기를 한다면 이런 퀴즈를 내보라.

"교회 다니는 분들이 아플 때 먹는 약은 뭘까요? 신약과 구약이라고 합니다. 그럼 절에 다니는 분들이 아프면 먹는 약은 무엇일까요? 절약이죠. 이제는 우리 모두가 먹어야 할 약이 바로 이 절약입니다."

"남자들은 이 앞에서 무릎을 꿇는데 여자들은 깔아뭉갭니다. 이것은 무엇일까요? 정답은 '요강'입니다. 요강이 필요 없다고 다들 내다 버렸는데, 지금 옛날 요강이 비싼 값에 골동품으로 팔리고 있습니다. 생각해보면 세상에 버릴 것이 하나도 없습니다."

좋은 소식과 나쁜 소식

외국에서 가장 많이 쓰이는 방법이다. 사용법만 잘 익힌다면 자유자재로 다양하게 응용할 수 있는 좋은 연설법이다.

사장 : 오늘은 김 과장에게 두 가지 소식을 전하면서 종무식을 시작하겠어요. 김 과장, 좋은 소식과 나쁜 소식이 있는데, 무엇부터 먼저 들을 텐가?

김 과장 : 나쁜 소식이요.

사장 : 김 과장, 올해까지만 회사에 나오게. 그럼 좋은 소식은 뭐냐고? 내년부터는 김 부장으로 회사에 출근하게.

상대방이 좋은 소식을 고를지 나쁜 소식을 고를지 결정하도록 하라. 어떤 경우라도 상관없다. 왜냐하면 두 가지 경우에 맞춰서 대답을 준비하면 되니까. 위 사례에서 만약에 김 과장이 좋은 소식을 먼저 선택했다면 이렇게 말하면 된다.

김 과장 : 좋은 소식이요.

사장 : 김 과장, 축하하네. 부장으로 승진됐어. 그럼 나쁜 소식은 뭐냐고? 월급은 그대로야.

마이크 잡고 절대 해서는 안 되는 것

유머러스한 연설이 되기 위해서 꼭 해야 하는 걸 안 해도 상관은 없지만, 꼭 해서는 안 되는 것을 하면 절대 안 된다. 이것이 그것이다.

• 절대 읽으면 안 된다

앞에서 읽지 말라고 이미 얘기가 나왔다고? 두 번 세 번 이야기해도 지나침이 없을 정도로 중요한 것이니까 다시 반복하는 것이다. 제발 원고를 읽지 마라. 원고를 읽는 순간 누가 대신 써줬다는 것이 탄로 나게 된다. 버락 오바마도 27세의 존 파브로라는 청년이 연설원고를 써줬지만 보고 읽지는 않았다. 읽더라도 제발 소화해서 안 읽는 척이라도 하라.

• 절대 자신감을 잃지 마라

유머는 자신감에서 나온다. 혹시 자신이 없다면? 음… 방법이 없다. 마이크를 잡지 마라.

• 절대 잘난 체하지 마라

마이크 잡으면 항상 절반은 자기 자랑일 수밖에 없다. 안 할 수 없다면 줄여라. 앞으로 마이크에 거짓말 탐지기를 붙여서 거짓으로 자기 자랑을 하면 감전되도록 하는 것이 나의 소박한 바람이다.

• 절대 '에저또'를 하지 마라

요즘은 별로 없지만, 나이 드신 분은 아직도 '에저또'를 너무 많이 사용한다. "에~ 그러니까, 저~ 그게 뭐냐 하면, 또~." 이런 식의 연설은 정말 짜증난다. 당신도 혹시 무의식적으로 반복하는 나쁜 습관이 없는지 확인해보라. 동영상으로 찍어서 확인해보면 알 수 있다.

아참, 그리고 "마이크 테스트, 하나, 둘, 셋." 이것도 제발 하지 마라. 참 없어 보인다.

마지막을 인상적으로 끝내는 법

끝이 좋으면 다 좋다는 말이 있다. 사실이다. 1990년대 초에 직장 내시경으로 이런 실험을 했다. A팀의 사람들은 10분 동안 내시경 검사를 하다가 가장 고통스런 순간에 끝내고, B팀은 20분 동안 내시경 검사를 하다가 서서히 고통을 줄여주면서 검사를 끝냈다. 어느 팀이 더욱 큰 고통을 기억하고 있을까?

당연히 오랜 시간 고통을 받은 B팀이라고? 틀렸다. A팀이 훨씬 더 공포스럽게 고통을 기억하고 있었다. 오히려 B팀은 직장 내시경이 받을 만하다고 주위에 추천까지 했다. 왜냐하면 사람들에게는 마지막 기억이 강하게 남기 때문이다. 그래서 강연이나 강의도 마지막이 가장 중요하다. 엔딩을 인상적으로 마무리하는 방법을 몇 가지 소개한다.

- **슈팅, 주제에 맞는 구호나 표어를 외치도록 한다**

"만세 삼창을 끝으로 강의를 마치겠습니다. 그런데 만세 대신에 오늘의 주제인 열정을 세 번 외치겠습니다. '열정 열정 열정!'"

- **선물은 마지막에 나눠준다**

"끝으로 제가 가지고 온 책을 선물로 드리겠습니다. 전부 다 드리고 싶지만 한 권밖에 없으니까 꼭 필요하신 분만 환호성과 박수를 쳐보세요. 미친듯이 소리치는 저분께 드리겠습니다."

- **기립박수가 나오도록 유도(?)한다**

"저는 평생 소원이 기립박수 한번 받아 보는 게 소원입니다. 어젯밤 꿈이 좋기는 했지만…. 아무래도 오늘 그 꿈이 이뤄질 것 같습니다. 감사합니다." (고개를 푹 숙인 자세로 인사하고 손으로 일어나라는 사인을 준다.)

Chapter 21

FUN FUN한 상으로
뻔뻔하게 살자

—

연말이면 각종 시상식이 화려하게 펼쳐진다. 영화제, 연기대상, 연예대상, 가요대상 등 상을 받으면 기분이 좋다. 필자도 KBS의 연예대상에서 작가상을 수상한 적이 있다. 생방송에서 잠깐 수상 소감을 이야기했을 뿐인데, 진동으로 해둔 휴대전화에 100여 개의 문자 메시지가 동시에 쏟아지더라. 그 짜릿함이란….

상을 제정하고 수여하는 이유 세 가지는 '가나다'로 정리할 수 있다.

가 : 가장 잘한 사람에게 박수를 보내기 위해서

나 : 나를 알리기 위해서

다 : 다 같이 기뻐하기 위해서

가장 잘한 사람을 뽑아서 상을 주면 다른 사람들이 자극을 받아서 더 잘할 것이다. 나를 알리기 위한 상도 있다. 홍보를 위해 제정된 상인데, 어떤 상은 너무 장삿속이 보여서 받고도 기분 나쁜 상이 있다. 돈을 주거나 언론사에 광고만 해줘도 주는 상이 많다. 유럽에서 열리는 모 비즈니스 대상은 우리나라 시장님과 CEO도 여러 명 수상했다. 받고 싶은 분은 사람은 빨리빨리 신청하시길….

그러나 진정한 상의 의미는 다 같이 기뻐하고 축하하는 데 있다. 그래서 상을 주고받는 것이다.

세상에는 재미있는 상이 많다

그렇다. 우리가 사는 세상에는 재미있는 상이 참 많다.

'다윈 상Darwin Awards'은 '웬디 노스컷Wendy Northcut'이라는 스탠포드 대학의 연구원이 만든 상으로 황당하게 죽음을 맞았거나 어리석은 행동으로 스스로를 곤란에 빠뜨린 사람들에게 주는 상이다. 수상자 중에는 불쌍한 수의사가 한 명 있다.

이 수의사는 변비가 심한 코끼리에게 22통의 설사약을 투여하고 코끼리의 뒤꽁무니에서 관찰을 하다가 갑자기 밀려나온 배설물에 깔려서 질식사했다. 그런데 대리 수상은 누가 했을까?

'할런 페이지 허바드 상'은 무책임한 광고주에게 주는 상이다.

TWA 항공사가 수상한 적이 있는데, 런던까지 가는 비용이 1,000달러 이상이 드는데도 단돈 298달러라고 허위광고를 했기 때문이다.

소송 천국 미국에는 '어리석은 소송 상'도 있다. K-마트에 진열된 믹서기를 구입하려던 여성이 가장 바닥에 있는 걸 꺼내다가 쏟아진 상자에 깔렸다. 그래서 K-마트를 상대로 피해보상을 요구했다가 이 상을 받았다고 한다. 부상으로 믹서기를 받지는 않았을까?

상해임시정부 시절에는 가장 훌륭한 독립운동가에게 주는 상이 있었다고 한다. 그런데 수상자는 비밀이었다. 수상자가 알려지면 독립운동에 지장을 주니까. 정말 이런 상이 있었는지 아직까지 비밀이다.

상을 통해 멋지게 꾸중을 할 수도 있다

한 고등학교의 국어 선생님은 학생들에게 이런 상을 줬다. 수업 중에 가장 많이 자는 학생에게는 '잠자는 숲속의 미녀 상', 컨닝을 많이 하는 학생에게는 '눈치코치 상', 떠드는 학생에게는 '딱따구리 상' 등 상을 받는 학생들이 기분은 나쁘지만, 그래도 야단칠 때보다는 효과가 좋았다고 한다.

또 다른 학교의 선생님은 수업 시작 전 지각하지 않으려고 마구 달려오느라 수고했다는 의미로 '마구 달려 상'을 주는데, 부상으로 양말 2켤레도 함께 준단다. 달려오느라 양말이 많이 닳았을 거라는 거다. '존나

RE 유머가 이긴다

상'이라는 것도 있는데, 상장에 적힌 문구가 아주 인상적이었다.

"위 학생은 입만 벌리면 존나가 나와서 다른 학생들의 국어 성적을 향상시켜 주었으나, 나중에는 이를 고치려 노력하였기에 이 상을 수여합니다."

친구와 대판 싸웠다가 극적으로 화해한 학생에게는 '관포지교 상'을, 유머러스하고 개그 프로그램을 잘 따라 해 주변 사람들을 웃긴 학생에게는 '웃찾사 상', 아파서 결석이 잦은 학생에게는 격려의 의미로 '체력보강 상'을 주었다고 한다.

이처럼 상은 꼭 잘난 사람에게만 주는 것은 아니다. 뒤처지거나 비난받을 사람에게도 우회적인 자극이 되기도 한다.

미국의 상원의원 윌리엄 프록시마이어는 '황금 양털 상Golden Fleece Award'을 제정했는데, 비난받을 짓으로 부를 축적한 개인이나 단체를 널리 알리는 데 목적이 있다고 한다. 우리나라에도 비슷한 상이 있다. 이름하여 '밑 빠진 독 상'. 세금을 낭비하는 개인이나 단체에 주는 상으로 60억 원을 들이고도 한 번도 사용하지 못한 광명시 음식물 쓰레기 처리장이 수상자 중 하나였다.

개인적으로 최순실에게는 '촛불 상'을 주고 싶다. 자신의 몸을 희생하여 우리나라를 비춰주었으니 말이다. 최순실이 아니었으면 우리나라는 아직도 암흑시대였을 것이다. "촛불아, 이제는 꺼져라!"

우리 회사도 재미있는 상을 만들자

남편들은 가끔 큰 선물로 점수를 따려고 한다. 그러나 아내들은 큰 것 한 번보다 작은 것을 여러 번 받을 때 기뻐한다. 예를 들어 100만 원짜리 선물을 사줘도 1점, 10만 원짜리 선물을 사줘도 1점을 남편에게 준단다. 그러니까 100만 원짜리 선물 하나보다 10만 원짜리 선물을 10번 하면 10점을 딸 수 있다. 그럼 1만 원짜리를 100번 하면 100점 아니냐고? 아니다. 빵점이다. 1만 원짜리 사줬다고 욕만 먹는다.

직원들에게도 마찬가지다. 한 번에 큰 선물을 주는 것보다 작은 것으로라도 자주 관심을 보이는 것이 좋다. 독특하고 재미있는 상을 한번 만들어보라. 연말에 한 번 시상하는 것보다 분기별로, 월별로 상을 줘라. 어떤 상을 만들지 고민이 되면 다음을 참고해서 상을 만들어보라.

다음과 같이 받아서 기분 좋은 상을 만들어보자.

• 온달 장군 상
처음에는 걱정스러웠는데 1년 사이에 일취월장! 확 바뀐 모습으로 모두를 놀라게 하여 이 상을 수여합니다. 부상으로 평강공주와 데이트

할 수 있는 데이트 자금을 드립니다.

• 이순신 장군 상

'내가 하는 일을 남이 모르게 하라~.' 남모르게 열심히 일한 당신에게 이 상을 수여합니다. 앞으로도 쭉 남모르게 하세요. 부상으로 하얀 속옷 세트를 드립니다. 백의종군 정신을 잃지 말라고.

• 계백 장군 상

가정을 버리고 회사에 충성한 당신께 수여합니다. 부상으로 호텔 식사권. 가족들 목을 베려 하지 말고 가족들도 배려하세요.

• 강감찬 장군 상

회사의 큰 위기, 커다란 누수를 온몸으로 막아낸 당신에게 이 상을 수여합니다. 부상으로 장화, 진짜 장화가 아니라 콘돔 세트를 드립니다. 둑을 막았다가 터뜨려 적을 물리친 것은 좋은 작전이지만 막을 때는 막아야 하니까요.

• 나폴레옹 상

내 사전에 불가능은 없다. 불가능한 일을 달성한 당신에게 수여합니다. 부상으로 키높이 구두!

받아서 기분 나쁜 상이지만 웃으면서 변화를 주는 상도 있어야 한다. 회사에서 펀 경영을 하라니까 직원들 야단도 못 치고 웃기만 하는 사장이 있던데, 진정한 펀 경영은 질타도 즐겁게 하는 것이다. 상대방의 인격을 모욕하지 않으면서, 상대의 잘못을 따끔하게 지적하는 지혜는 경영자가 반드시 갖춰야 할 덕목이다.

· 여우주연상

회사 내에서 가장 여우짓을 많이 하는 당신께 이 상을 드립니다. 그러나 너무 예뻐서 미워할 수 없네요. 부상은 여우목도리, 물론 짝퉁.

· 남우주연상

항상 일을 시끼면 남우일처럼(남의 일처럼) 건성건성 하는 당신. 남우주연상을 받을 자격이 충분합니다. 그러나 마음만 먹으면 장동건, 배용준처럼 주인공이 될 수 있는 당신께 이 상을 드립니다. 부상으로 나무 몽둥이를 드립니다. 엉덩이로 받으세요.

· 가요대상

언제나 칼퇴근 하는 당신. 남들이 늦게까지 남아서 일하는 걸 보고도 '난 가요~.' 팀 회식 때 모두가 모여도 당신은 '난 가요~.' 부상으로 슈퍼주니어의 '쏘리 쏘리' CD를 드립니다. 손이 발이 되게 빌어보세요.

RE 유머가 이긴다

· 연애대상

회사일보다 연애사업으로 바쁜 당신에게 이 상을 드립니다. 부상은 회사를 애인처럼 사랑하라고, 회사 배지로 만든 반지와 목걸이를 드립니다.

· 무지개상

언제나 화려한 패션을 자랑하는 당신. 회사에 출근하는 당신을 보면 화려한 무지개를 보는 듯합니다. 그러나 회사는 패션쇼를 하는 곳이 아니라 일을 하는 곳이죠. 빨주노초파남보 무지개가 멋져 보여도 잘못하면 무지 개처럼 된다는 점 아시죠? 부상으로 빨주노초파남보 사인펜을 드리겠습니다. 옷만 신경 쓰지 말고 서류에도 신경을 써주세요.

그런데 시상식에서 가장 주의해야 할 점은 상을 받는 사람에게 축하하는 것보다 받지 못하는 사람에 대한 배려다. 포스코 창립 42주년 기념식이 열린 포항 효자아트홀. 셰프 복장을 한 정준양 회장이 참석자에게 쿠키를 나눠주고 있었다. 드라마 <파스타>에서 아이디어를 얻어서 정 셰프가 된 것이다. 이렇게 재미있는 파티에서는 상을 받든 못 받든 모두 즐거워진다. 그래도 상은 받아야 맛이라고? 그렇다면 다음 상장의 수상자 빈칸에 당신의 이름을 적어보라. 기분이 갑자기 업up될 것이다.

Chapter 22

고액 연봉자들이
회의하는 법

—

회의의 효율을 떨어뜨리는 그것도 아주 팍팍 떨어뜨리는 다음과 같은 '맨'들이 있다.

수다맨 : 회의 중에도 계속 전화를 받거나 문자를 보낸다. 벨소리를 진동으로 바꿨지만 그 소리가 더 요란하다.

셔터맨 : 휴일 날 약국에 내려진 셔터처럼 입을 다물고 있다. 절대 열리지 않는다. 기껏 하는 소리가 "앞에서 제가 할 말이 다 나왔습니다"이다.

안티맨 : 무조건 안 된다고 반대만 한다.

예스맨 : 무조건 찬성만 하는 사람도 회의에 불필요한 사람이다.

배트맨 : "이쪽 말도 맞아요" 했다가 금방 "저쪽 말도 맞죠" 해서 "왜 당신은 왔다 갔다 해?" 하고 질책을 들으면 "아~, 부장님 말씀도 맞네요" 하는 사람. 이렇게 줏대 없이 왔다 갔다 박쥐형의 인간을 '배트맨'이라 부른다.

술퍼맨 : 회의할 때는 신경 끄고 있다가 끝나면 술이나 먹자는 사람

졸려맨 : '그래, 니들은 회의를 해라. 난 잠이나 잘란다' 하는 사람

그리고 회의를 지루하게, 설교만 늘어놓는 사람은 '아~맨'이다.

최근 회사 조직이 커지고 복잡해지면서 회의를 통해 문제를 해결하려는 회의 의존증, 회의 중독증이 점점 심해지고 있다. 회의 수를 줄일 수 없다면 효율적이고 재미있는 운영으로 효과를 극대화시켜보자.

오락 프로그램 MC에게서 배우는 회의 진행 기법

회의를 진행하는 사람만 바뀌어도 회의 분위기가 달라진다. 회의 진행자는 혼자 떠드는 윤리 선생님이 아니라, 오락 프로그램의 MC가 되어야 한다. 지루하고 진부한 표현보다 오락 프로그램 MC의 화법을 이용해보자.

회의를 시작하겠습니다. 모두 자리에 앉아주세요.

⋯ 신나는 회의 시간이 돌아왔습니다. 자리는 지정석입니다. '지'가 '정'해서 앉으세요.

앞으로 나오세요 앞자리부터 채워주시죠.

⋯ 뒷자리는 VIP석입니다. VIP가 무슨 뜻인지 아시죠? Very Ignorant Person(배리 이그노런트 퍼슨), '매우 무식한 사람'을 위한 자리입니다.

다른 의견 없습니까? 없어요? 김 과장님 의견 좀 말씀해주시죠.

⋯ 정말 좋은 의견이 많이 나왔네요. 하지만 화룡점정이란 말이 있잖아요. 끝으로 눈을 꼭 찍어주실 분 말씀해주시죠. 제가 당신을 꼭 찍어 말하기 전에 어서 말씀해보세요, 김 과장님.

박수 한번 쳐주세요

⋯ (강호동 말투로) 여러분의 뜨거운 박수가 필요합니다.

마지막으로 누가 한 말씀 해주세요.

⋯ (유재석 말투로) 자! 여러분 드디어 기다리고 기다리던 시간이 돌아왔습니다. (빠르게) 꿩 먹고 알 먹고 도랑 치고 가재 잡고 누이 좋고 매부 좋고 님도 보고 뽕도 따고 마당 쓸다 돈도 줍는 일석이조의 시간! 마지막 마무리 발언 시간입니다.

RE 유머가 이긴다

Chapter 23

명주례사는
짧고 굵었다

—

청첩장을 받으면 보통 두 가지 생각을 한다. '가야 되나?', '얼마면 되지?' 그리고 결혼식장에 도착하면 또다시 두 가지 생각을 한다. '식장으로 갈 것인가?', '식당으로 갈 것인가?'

사회적인 신분이 상승하면 주례 요청도 많이 들어온다. 그러면 또 두 가지 생각이 들 것이다. '해야 하나?', '꼭 해야 하나?' 어쨌거나 기왕 해야 할 주례사라면 '검은 머리 파뿌리~'만 찾지 말고 좀 더 재미있고 기억에 오래 남을 명연설을 준비해보자.

어린 시절에 부모님을 따라간 어느 결혼식에서 양주동 박사님의 주례사를 들은 기억이 있다. 아주 어릴 때라서 무슨 말씀을 하셨는지 잘 생각은 안 나지만, 한 가지는 확실히 기억하고 있다. 어른들이 크게 자주 웃었다는 것.

몇 해 전 유명을 달리한 고故 배삼룡 씨의 주례사도 명주례사로 회자된다. 후배 코미디언 조금산 씨의 결혼식에서 이렇게 말했다.

"어…. 내가 무슨 말 하려는지 알지? 그럼 됐어."

딱 두 문장으로 끝이다. 10초도 안 되는 주례사가 최고의 명작으로 남은 이유는 바로 짧다는 데 있다. 링컨 대통령의 게티즈버그 연설도 266단어, 2분을 채 넘지 않았다. 제2차 세계대전 때 지쳐가던 영국 국민들에게 힘을 준 처칠의 명연설도 달랑 5단어뿐이다.

"Never, never, never give up(네버, 네버, 네버 기브 업)!"

절대, 절대, 절대 포기하지 마라!

골든 글러브상을 받는 자리에서 해리슨 포드가 했던 연설도 짧았다.

"시상식에서 시간이 얼마나 귀중한지 알기에 저는 수상연설을 2개 준비했습니다. 짧은 것과 긴 것. 그런데 짧은 것을 하겠습니다. '땡큐!' 아, 그런데 시간이 좀 남는 것 같군요. 긴 것도 하겠습니다. '땡큐, 베리 머치!'"

그런데 사실 짧은 연설을 준비하는 게 더 어렵다. 그래서 미국의 28

대 대통령 우드로 윌슨은 이렇게 말했다.

"만약 내가 10분 동안 연설을 해야 한다면 일주일을 준비해야 되지만, 15분 연설에는 3일, 30분 연설에는 이틀의 준비기간이 필요합니다. 그러나 한 시간짜리 연설은 지금 당장 시작할 수 있습니다."

역시 명연설이나 명주례사는 모두 짧고 굵었다.

운율을 맞추면 근사해진다

나 역시도 주례를 선 경험이 있다. 개그콘서트의 FD가 결혼을 하는데 꼭 내가 해야 한다고 우겨서 마지못해 승낙을 한 후 집에 가서 대단히 후회를 했다. 사회는 박준형 씨였고, 축가는 고음불가 팀이 불렀다. 그에 맞춰 최고의 주례가 되도록 노력했는데 그때 준비한 주례사는 바로 '무지개'였다.

무지개 같은 결혼

결혼은 사실 전쟁입니다. 오죽하면 <사랑과 전쟁>이란 프로그램이 있겠습니까. 어떻게 전쟁에서 이길 수 있을까요? 스티븐 코비가 쓴 《성공하는 사람들의 7가지 습관》이란 책이 있습니다. 읽어보셨죠? 저는 너무 두꺼워서 안 읽어봤어요. 하지만 제목만 봐도 성공하는 사람에게는 좋은 습관이 필요하다는 것을 알겠더군요. 부부에게도 아름다운 가정을 꾸리기 위해 좋은 습관이 필요합니다. 오래 기억할 수 있도록 무지개 색깔로 일곱 가지 습관을 만들어봤습니다.

빨 : 빨리 말하라

부부 간에는 숨기는 것이 없어야 합니다. 사랑하면 사랑한다고, 화가 나면 화가 난다고 빨리 말하세요. '빨리빨리'가 나쁜 습관이라고 말하는 사람도 있지만 부부 사이에는 빨리빨리 말하고 해결하는 게 좋습니다. 애도 빨리빨리 낳으세요.

주 : 주의하라

결혼이란 크리스털 유리잔처럼 보기에는 아름답지만 잘못 다루면 깨지기 쉽습니다. 우리 주변에는 결혼을 깨뜨리는 환경이 가득합니다. 특히 입과 귀와 눈을 주의해야 합니다. 결혼 전에 한눈에 반했으면, 결혼 후에도 눈 한쪽 감고 상대방의 허물을 눈감아줘야 합니다. 좋은 결혼은 눈먼 아내와 귀먹은 남편이 만나는 것입니다.

노 : 노력하라

결혼생활도 노력이 필요합니다. 저는 아내의 생일과 결혼기념일을 꼭 기억합니다. 어느 해인가, 결혼기념일을 잊었더니 그다음 해부터는 10일 전부터 카운트다운을 하더군요. 그래서 작년 결혼기념일에는 하와이로 세컨드 허니문을 다녀왔습니다. 5년 후에도 또 하와이로 갈 겁니다. 그때는 아내를 데려와

야죠. 농담이고요. 노력하지 않고 얻는 것은 주름살과 삼겹살뿐입니다.

초 : 초대하라

가족을 자주 초대하세요. 요즘 신혼부부들은 자기들끼리만 사는 걸 좋아하는데, 가족들이 자주 왕래해야 복도 들어옵니다. 두 시어머니가 한 여자를 놓고 서로 자기 며느리라고 했대요. 그래서 솔로몬 왕이 며느리를 반으로 가르라고 했더니 한 시어머니는 그렇게 하자고 했고, 다른 시어머니는 그러지 말자고 했대요. 솔로몬 왕이 말하길, "반으로 가르자고 한 저 여자가 진짜 시어머니가 맞구나." 이런 조크가 사라지도록 부모형제를 자주 초대해서 한 가족이 되어야 합니다.

파 : 파묻어라

누구나 실수를 합니다. 더 큰 실수는 실수를 반복해서 동네방네 떠들어대는 거죠. 결혼 전 상대방의 허물은 파묻어주세요. 여기 계신 하객 중에 혹시 신랑신부의 허물을 아시는 분 손들어주세요. 음, 저기 손든 사람 파묻으세요.

남 : 남편을 존경하라

남녀는 원래 다르게 태어났습니다. 하나님은 왜 남자를 만들고 나서 여자를 만들었는지 아세요? 만약 여자를 먼저 만들었다면 남자를 만들 때 하나님 옆에서 참견할까 봐 그랬을 겁니다. 진정으로 행복한 가정을 원한다면 가정의 주인이 남편임을 인정하고 존경하십시오. 대신 남편들은 존경받을 행동을 해야 합니다. 아내에게 남편이 가장 존경스러워 보일 때는 설거지하는 남편의 뒷모습을 바라볼 때라고 합니다.

보 : 보고 또 보라

정상적인 부부라면 서로 눈을 마주쳐야 합니다. 아침에 눈을 뜨거나 퇴근해서 집에 왔을 때 눈을 보며 인사하세요. 눈을 마주치지 않으면 문제가 생긴 겁니다. 퇴근한 남편을 쳐다보지도 않고 "자기야, 나 음식 만드니까 얼른 씻고 나와." 이런 아내보다 눈을 마주치며 "자기야, 오늘 외식 할까?" 이런 아내가 더 현명한 법입니다. 눈을 마주치다 보면 입도 마주치게 되고 또…. 하여간 서로 다른 사람들이 맞춰나가는 게 결혼생활입니다.

빨주노초파남보…. 좋은 습관을 통해 무지개 같은 찬란하고 행복한 결혼생활을 펼치시기 바랍니다. 만약 나쁜 습관만 생긴다면 무지, 개 같은 날들이 펼쳐질 것입니다. 끝으로 집안의 평화를 위해서 큰 문제는 남편이 담당하고, 작고 사소한 문제는 아내가 담당하십시오. 그러면 집안에 큰 문제는 전부 사라지고, 작고 사소한 문제만이 남을 것입니다. 감사합니다.

웃음과 감동이 있는 주례사 사례

최근에는 결혼식이 너무 장난스럽게 진행되어 결혼의 신성함도 존

중되지 않는 듯한 느낌을 받을 때도 있다. 그러나 그렇다고 해서 너무 틀에 박힌 주례사를 지루하게 늘어놓는 것도 지양해야 한다.

왁자지껄 소란스러운 결혼식이냐, 웃음이 묻어나는 감동의 결혼식이냐는 바로 주례인 당신에게 달려 있다. 주례사에 사용할 수 있는 몇 가지 문장을 소개한다.

"오늘 두 사람은 인생에서 가장 큰 사고를 치려고 합니다. 사실 가족은 사고로 만들어집니다. 부부가 만난 것도 알고 보면 사고이고, 아이가 생긴 것도 알고 보면 사고이고…. 그래도 가장 행복한 사고가 될 것입니다."

"결혼생활은 얼마나 잘 돌리느냐에 달려 있습니다. 남편은 세탁기를 잘 돌려야 하고 청소기도 잘 돌려야 하고, 식기세척기도 잘 돌려야 하고…. 아내는 남편 하나만 잘 돌리면 됩니다."

"항상 나란히 걸어가세요. 결혼한 부부가 걸어가는데 한 사람이 앞서서 걸어간다면 그 사람은 분명 화가 난 게 틀림없습니다."

"결혼은 바이올린과 같습니다. 아름다운 음악이 끝나도 줄은 계속 붙어 있어야 하니까요."

"미국 결혼식에 참석한 적이 있는데 신랑신부 옆에 들러리가 있더군요. 우리나라 결혼식에는 들러리가 없다는 것이 너무나 다행스럽습니다. 왜냐하면 바람은 항상 바로 옆에서 시작되거든요. 결혼생활 중에 바람을 피우려거든 지금 당장 바람과 함께 사라지십시오."

"결혼생활에서 가장 중요한 단어는 '양보'입니다. 아내는 항상 남편에게 양보를 받아내세요."

"신혼이 끝났는지 안 끝났는지, 어떻게 알 수 있을까요? 신부가 시어머니께 웃으면서 말한다면 아직 신혼인 겁니다."

"부부싸움은 누구나 할 수 있습니다. 그러나 절대 화난 상태로 침대에 들어가지 마십시오. 일어나서 싸우세요. 싸움의 끝장을 보고 웃으며 잠자리에 드는 것이 행복한 부부생활의 비결입니다."

"결혼은 롤러코스터와 같습니다. 많은 사람이 비명을 지르고 다시는 타지 않겠다고 말하지만 항상 줄은 길게 늘어서 있거든요."

"아직도 많은 여자가 백마 탄 왕자와 결혼하는 꿈을 꿉니다. 그러나 3년만 지나면 트림을 하고 방구를 뀝니다. 왕자가 탔던 말이 아니라 왕자가 말입니다."

"결혼생활과 감옥생활과 똑같습니다. 딱 하나 차이점이 있다면 감옥에서는 세 끼 밥은 제시간에 줍니다. 사실 잡혀 사는 것이 좋다는 걸 남편들이 빨리 깨달아야 행복해집니다."

"만약 남편이 결혼기념일을 잊어버린다면 신부는 화를 낼 게 아니라 오히려 큰 여행가방을 선물하십시오. 그리고 짐 싸서 나가라고 하세요."

Chapter 24

신세대와
통하는 유머

—

　노인들과 가까워지려면 용돈을 자주 드리고, 젊은이들과 가까워지려면 유머를 하라는 말이 있다. 처음 듣는다고? 당연하다. 지금 처음 한 말이니까. 그러나 틀린 말은 아니니 공감하는 분이 꽤 많을 것이라고 생각한다.

　젊을 때는 자신보다 나이 든 사람과 대화하는 걸 좋아하지 않는다. 나이 든 사람은 입만 열면 화를 내고, 그리고 또 입만 열면 냄새가 나기 때문에 그렇다. 혹시 당신이 나이가 좀 든 편이라면 가르치려 하지 말고 웃기려고 해보라. 백 번 야단치는 것보다 훨씬 효과가 좋다.

　그럼 유머로 다가가기 위해서는 어떻게 해야 할까?

· 첫째, 젊은이들과 통하려면 그들의 웃음을 연구해야 한다

신세대들이 좋아하는 개그 프로그램도 보고 유행어도 익혀둬라. 예를 들어 다음과 같은 유머가 있다.

"오늘은 꼭 목표달성을 하자고. 내가 쏜다, 뭘 쏠지 맞춰봐. 뭐게요? 내 얼굴 닮은 꽃게."

· 둘째, 재활용 개그를 적극 활용하라

개그도 유행이 돌고 돈다. 20~30년 전 우리가 배꼽을 잡고 웃던 조크도 요즘 다시 신세대에게 사용하면 못 듣던 얘기라서 그런지 반응이 괜찮을 때가 있다. 예를 들면 이런 것이다.

다음 문장을 영어로 번역해보세요.

이것은 코다. ···▸ 디스코
이것은 코가 아니다. ···▸ 이코노
다시 보니까 코더라. ···▸ 도루코
또 다시 보니 코가 아니다. ···▸ 코코낫
얻어맞아 터진 코는 ···▸ 싸만코

'잘 모른다'를 영어로 하면 '아이 돈 노우.'

일어로 하면 '아리까리'

불어로 하면 '알쏭달쏭'

중국어로 하면 '갸우뚱 갸우뚱'

중국어로 '화장실이 어디냐?'는 무엇일까? '워따 떵싸?'

• 셋째, 긴 조크보다는 짧은 조크나 퀴즈를 좋아한다

신세대는 참을성이 없어 긴 조크는 좋아하지 않는다. 대신 장소와 분위기에 맞는 유머 퀴즈 몇 개만 준비하면 '님 좀 짱인 듯!' 소리를 들을 수 있다.

분식집에서

'김밥'이 사는 나라는? 김밥나라

'김밥'이 죽으면 가는 곳은? 김밥천국

한식집에서

'전주비빔밥'의 반대말은? '이번 주 비빔밥', '후렴 비빔밥'

펭귄을 한 마리 넣고 끓이면 '설렁탕', 두 마리를 넣고 끓이면 '추어탕'

절에서

잘 생긴 부처님을 네 글자로 하면? (랩을 하듯) '부처 핸섬'

산에서

제일 높은 곳에 올라와서 새끼를 낳은 짐승은? '하이애나'

교회에서

이혼할 때 많이 읽는 성경은? '갈라디아서'

쇼핑몰에서

쇼핑몰에서 만날 때 지각하면 절대 안 된다. 왜냐하면 '몰지각한 사람'이 되니까.

마트에서

고추가 웃으면 '풋고추'

바나나가 웃으면 '바나나 킥'

빵이 웃으면 '호빵'

이마트가 웃으면 '하~ 이마트'

그런데 우유가 아프면? '앙팡'

오이가 무를 때렸다. 다음 날 신문 헤드라인은? '오이무침'

유통기한이 짧은 유머는 빠른 업데이트가 필수

젊은이들과 유머를 나눌 때 가장 중요한 점은 바로 유통기한이다. 젊은이들은 유행에 민감하다. 따라서 똑같은 유머를 계속 사용하거나, 철지난 유머를 사용하면 웃음 대신 비웃음을 산다. 예를 들어 다음 조크를 외워서 사용하는 건 자유지만, 유통기간은 6개월 정도라고 생각하고 다시 업데이트를 해야 한다.

한 남자가 양쪽 눈에 멍이 들어서 의사에게 왔다.

"싸움을 했나요? 아니면 사고가 났나요?"

"교회에서 다쳤어요."

"교회에서요? 어쩌다가?"

"일어나 찬송가를 부르는데 앞에 있는 여자의 엉덩이에 치마가 꼈더라고요. 그래서 그걸 빼주는데 그녀가 돌아보더니 날 때렸어요."

"그럼 다른 쪽 눈은 왜 다치셨어요?"

"내가 잘못했다는 생각이 들어서 도로 살짝 넣어주다가….'

사과를 깎기 전에 왜 톡톡 칠까? ⋯▸ '기절시켜 놓고 벗기려고'

그럼 사과를 따기 가장 좋은 때는? ⋯▸ '주인 없을 때'

설렁탕을 먹는데 돌이 나왔다. 화가 나서 주인에게 따졌다.

"주인장, 이게 뭐요? 돌이잖아요!"

"그래요. 그럼 5,000원짜리 설렁탕에서 진주라도 나오길 바랐소?"

저팔계가 정육점 주인을 처량한 눈빛으로 바라보며 이렇게 말했다.

"저~ 팔게요?"

촌철살인의 조크가 잔소리보다 백 배 낫다

노파심에서 한마디!

젊은이들에게는 절대 충고를 하지 마라. 자기 부모 말도 안 듣는 아이들이 남의 말을 들을 턱이 없다. 젊은이들에게 화가 날수록 조크를 써 보라.

"담뱃불 좀 빌려 달라고? 내 차에 있는데 갈까? 저기 보이는 경찰차가 내 거다."

"여긴 노약자나 임산부가 앉는 자리인데, 젊은 아가씨가 할머니처럼은 안 보이는데…. 임신인가 보구먼! 축하해요. 과속 스캔들."

그런데 간혹 조크를 사용했는데 분위기가 더 이상해질 때가 있다. 전문용어로 '썰렁해지는' 순간인데, 이럴수록 유머러스하게 위기에서 탈출하는 것이 중요하다. '여자로 상처 입으면 여자로 치유하라'는 말처럼 유머로 밀어붙여야 한다. 위기탈출은 특히나 막무가내로 밀어붙이는 것이 아니라, 자신을 낮춰야 효과가 있다. 진짜 유머는 낮아짐에 있다.

"전국노래자랑은 송해, 나는 썰렁해~. 효과음이라도 깔아야지. 하하하하…."
"이런, 죽으면 늙어야지…. 웃기려다가 내가 웃음거리가 됐네."
"웃기는 놈만 기억하는 이 더러운 세상, 윽~."

Chapter 25

야한 유머도
필요할 때가 있다

—

경고

만약 당신이 성적인 유머에 알레르기가 있다면, 이 장은 그냥 넘어가기 바란다. 이 글을 읽고 발생하는 충격에 대해서는 어떠한 책임도 지지 않는다.

가장 돈 되는 모델은 누구일까? 아마 조폐공사 모델일 것이다. 충무공 이순신, 퇴계 이황, 율곡 이이, 세종대왕 그리고 신사임당. 그중에 1,000원짜리 모델인 퇴계 선생에 대한 이야기다.

당신은 앞 퇴계와 뒤 퇴계에 대해 들어보았는가? 퇴계 선생은 어려서부터 열심히 공부를 했다. 그런데 성 교육만은 제대로 받지를 못하고,

견 선생에게 어깨너머로 배우셨다. 그래서 결혼 후 첫날밤부터 개에게 배운 자세를 활용했다고 한다. 그러다가 예쁜 기생을 만나서 앞으로 하는 자세를 처음 배우셨다. 그 후로는 부부관계도 앞으로 했다고 한다. 그래서 퇴계의 후손들은 자기들끼리 만났을 때 이렇게 인사를 한다고 한다. "앞 퇴계십니까, 뒤 퇴계십니까?"

남성용 음담패설 vs. 여성용 로맨틱 코미디

이런 야한 유머를 듣고 큰 웃음이 터지기도 하지만, 반대로 정색을 하며 얼굴을 붉히는 경우도 있다. 대상이나 주변 환경에 따라 성적 유머는 주의가 필요하며, 신사용과 숙녀용을 따로 구분해야 한다. 그래서 야한 농담을 화장실 유머라고도 하나 보다. 남자들의 야한 유머가 '음담패설'이라고 한다면, 여자들의 야한 유머는 '로맨틱 코미디'라고 할 수 있겠다. 남자용을 예로 들어보자.

충청도 처녀가 울면서 경찰에게 말했습니다.
"산속에서 나물을 캐다가 갑자기 당했슈."
"뭘 당해요?"
"강간당했슈."
"누가 그랬는지 얼굴은 봤나요?"

"아뇨."

"얼굴을 못 보다니 말이 돼요? 바로 코앞에 있었을 텐데."

"뒤로 당했슈."

"그럼 고개를 돌려서 볼 수가 있었잖아요."

"그럼 빠지잖아유."

여성용은 이런 직접적인 묘사보다는 은유적인 유머다.

"비아그라는 빨리 삼켜야 하는 거야. 왜 그런지 알아?
안 그러면 목이 뻣뻣해지니까."

당신은 야한 유머에 웃을 수 있는가

우리는 왜 이런 성적 농담을 즐기는 것일까? 성적 농담은 어떤 순기
능이 있을까?

· 첫째, 교육 기능이 있다

앞 퇴계 뒤 퇴계 이야기를 통해 우리는 성 교육의 필요성을 배웠다.
성적 유머를 통해 웃으면서 모르던 걸 배우는 것이다. 이런 성에 대한 정
보는 상상력을 자극하기 때문에 아무리 야해도 문제가 되지 않는다. 오

히려 상상력을 키워준다. 그러나 최근에는 '야동'을 통해 성 교육이 이뤄지는 것이 더 큰 문제가 된다. 그래서 혹자는 이렇게 이야기한다. 시각적인 정보에 의한 성적 자극이 범죄를 불러올 것이며, 충동을 억제하지 못하는 성범죄가 기승을 부릴 것이라고.

예전에는 입에서 입으로 전해지던 이야기들이 움직이는 야동으로 자극이 되니까 성범죄가 더 늘어난다는 주장이다. 이를 방지하기 위해서라도 전쟁, 호환 마마보다 무서운 불법 야동시청을 금지시켜야 한다.

· 둘째, 유대감이 형성된다

함께 성적 농담을 나누면서 친밀감이 생기고 동질감이 생겨 유대감이 형성된다. 야한 농담을 주고받던 친구들은 함께 사회적 금기를 깨뜨리면서 웃음을 터뜨리기 때문에, 귀여운 범죄의식을 공유하면서 하나가 되는 것이다. 그래서 비즈니스 관계에 있던 사람들이 성적 유머로 가까워지는 경우를 볼 수가 있다.

· 셋째, 평등성을 추구하게 된다.

성적 유머는 본질적으로 평등한 관계에서만 웃을 수 있다. 남녀차별, 인종차별, 지위고하 속에서 오가는 성적 유머는 수용자가 웃기는 웃어도 억지로 웃는 경우가 많다. 예를 들어 사장이 비서에게 하는 야한 농담이 그런 것이다.

성 담화가 얼마나 자연스럽게 이뤄지는가를 통해 그 사회와 조직의 평등성을 가늠해볼 수 있는 것이다. 찜질방에서 이뤄지는 아줌마들의 야한 농담은 모든 사람을 평등한 관계로 만들어준다.

• 넷째, 욕구의 분출 기능이 있다

성욕은 인간의 기본적인 욕구 중 하나다. 그러나 나이, 시간, 장소, 관계적 제약이 많아서 아무 때나 풀 수 없는 것이다. 이 욕구를 긍정적으로 분출하는 방법이 바로 성적 유머다.

화가 날 때 욕으로 분출함으로써 살인도 막을 수 있듯이, 성욕을 성적 유머로 분출을 시키는 것이다. 남자들끼리 풀 수 없는 성욕을 이런 조크로 푸는 것이다.

커피 자판기 옆에 서서 남자들이 이야기를 하고 있다.

"왜 정육점의 형광등이 빨간색인 줄 알아?"

"글쎄…. 고기가 신선하게 보이라고 그러겠지."

"맞았어. 그럼 홍등가의 불빛도 왜 빨간색인 줄 알아?"

"글쎄…. 같은 이유 아니겠어? 왜?"

"교통 신호등의 파란불은 '가시오' 잖아. 그럼 빨간불은 뭐야?"

"서시오."

"거봐. 이제 알겠지?"

자신이 없으면 안 하는 것이 낫다

사실 야한 농담, 성적인 조크는 유머의 달인들도 다루기 힘든 경우가 많다. 스님들 앞에서 강의를 하다가 당황한 적이 있다.

"스님들이 머리를 깎는 이유는 오만 가지 잡생각을 떨쳐 버리려고 그런다면서요? 그럼 성적인 생각을 떨쳐 버리려면 어디를 깎아야 하죠?" (분위기 쫘~~)

도고온천에서 있었던 신입사원 연수 때도 그랬다.
"사우나를 한 번 할 때 정자의 숫자가 반으로 줄어든다고 합니다. 걱정하지 마세요. 두 번 하면 되니까." (강연장 온도 급냉각)

정말 당황스러웠다. 이처럼 야한 유머는 잘해야 본전인 경우가 많다. 가급적 야한 농담은 안 하는 게 좋겠다. 꼭 해야 하는 자리라면 충분한 사전 연습과 분위기 파악을 거쳐 적절한 수위를 지키는 것이 좋다. 그래도 한번 시도해보라. 성공했을 때는 그에 따른 보상이 확실한 것이 바로 성적 유머니까.

Chapter 26

충청도 출신
개그맨이 많은 이유

—

충청도 할머니가 오랜만에 여고동창회에 다녀왔다. 그런데 계속 심통이 난 표정이라서 남편이 물어봤다.

"왜 그려?"

"별일 아니유."

"별일 아니긴…, 뭔 일 있구먼."

"아니라니께."

"당신만 밍크코트가 없어?"

"….."

"당신만 다이아몬드 반지가 없어?"

"…."

"그럼 뭐여?"

"에휴~ 나만 남편이 살아있슈."

찜질방에서 들은 아줌마의 조크였다. 그런데 왜 하필이면 그 아줌마는 충청도 사투리를 썼을까? 고향이 충청도라서? 그게 아니라 충청도 사투리로 해야 이 조크의 맛을 살릴 수 있기 때문일 것이다.

거꾸로 말해 유머를 잘 관찰해보면 그 지역 사람의 성격이나 특성을 읽어낼 수 있다는 얘기다. 충청도 하면 가장 먼저 떠오르는 유머가 있다.

"아버지, 돌 굴러가유~~."

충청도 사람은 정말 느릴까

충청도 사람들은 정말 느릴까? 내 대답은 "네, 그렇습니다." 나만 그런 생각을 하는 게 아니다. 수십 년간 전국을 돌아다니는 전국 노래자랑의 송해 선생님도 비슷한 말을 한 적이 있다.

"영호남은 화끈하다. 그에 비해 충청도는 대사를 던져도 한 템포씩 늦더라. 강원도는 가만히 계산했다가 확 덮치는 성격이고, 경기도와 서울은 깍쟁이 같다."

이런 걸 지방색이라고 한다. 지역마다 풍속이 다르고, 말이 다르고,

음식이 다르다. 이런 걸 잘 살리면 관광자원이 되기도 하고, 특산물로 수익을 올릴 수 있다.

그런데 지방의 고유한 색깔이 지역감정이 되는 것이다.

감정感情은 어떤 현상이나 일에 대하여 일어나는 마음이나 기분을 말한다. 결코 나쁜 말이 아니다. 그런데 지역 자가 붙어서 지역감정地域感情이 되면 지역에 따른 차별과 편견이 되어버린다.

충청도 사람들은 느리다. 그래서 딴청도니 멍청도니 한다. '느림' 이면에 깔린 충청인의 속마음을 읽지 못하기 때문에 이런 말이 나오는 것이다.

사과를 팔고 있는 충청도 아저씨에게 손님이 물었다.

"아저씨 수박 얼마예요?"

"만 원이유."

"5,000원에 안 돼요?"

"…."

"그럼 8,000원에 안 돼요?"

"내비둬유~, 개나 멕이지유."

충청도 사람은 절대로 딱부러지게 말하는 법이 없다. 흥정을 하는 대신 한 템포 쉬었다가 '개나 멕이지유~' 해 버린다.

그래서 타지역 사람들이 볼 때는 음흉하다, 암팡지지 못하다, 맺고

끊는 게 분명하지 않다고 생각한다. 충청도 사람들 스스는 이렇게 말하더라. "우린 좀 양달지지가 못혀~."

시골길에서 친구끼리 마주쳤을 때도 이렇게 말한다
"워디 가?"
"워디 가."
"워디?"
"워디."
"응, 어여 가."

아무리 들어봐도 대체 어딜 간다는 말인지 모르겠지만 당사자들은 답답하지 않다. 전라도 사람들이 '거시기'를 거시기하게 써도 다 알아듣는 것처럼 말이다. 특히 충청도 사람은 심사가 뒤틀려도 절대 싫다고 말하는 법이 없다. 그냥 입을 닫아버린다. 충청도 사람이 말을 안 하면 그건 'NO'라는 뜻이다.

그래서 선거에 관련된 충청인들의 여론조사는 믿어서는 안된다.

또한 충청도를 흔히 수도권과 경상, 전라도 사이에 낀 곳이라고 한다. 샌드위치 신세라 이거다. 그런데 샌드위치를 먹을 때 빵이 주던가? 아니다. 가운데 끼여 있는 게 메인이다. 절대절명의 순간 캐스팅 보드를 잡고 있는게 바로 그들이다. 충청인들은 말을 많이 하지는 않아도 꾹꾹 참고 있는 것이다.

RE 유머가 이긴다

태안 기름유출 사고 때도 꾹꾹 참고 있었다. 알아서 해주기를 기다렸던 것이다. 그게 해결이 안 되면, 한 방에 터져 버린다.

'느림'을 통해 더 빠르게 가고 있다

그런데 충청도 사람 중에 코미디언, 개그맨이 제일 많다는 사실을 아는가? 희극인실 명단을 조사해 보니 45퍼센트 정도가 충청도가 고향이었다. 왜 이렇게 많을까? 웃음을 터뜨리는 요소 중에 타이밍이 가장 중요한데 충청인들은 이 타이밍에 강하다. 강력한 폭소는 타이밍을 적절히 맞춘 엇박자에서 터진다. 충청도 사람들이 이 엇박자에 강하다.

할아버지가 할머니에게 슬며시 말을 건넨다.
"줄겨?"
그러자 할머니가 "할겨?"
잠시 후 할아버지가 땀을 닦으며 할머니에게 물었다.
"으뗘?"
그러자 할머니 왈, "한겨?"

엉뚱한 말 한마디로 상황을 반전시키는 것도 충청인들의 특기다.
높이 차고 오르려면 잠시 숨고르기를 해야 한다. 이보 전진을 위해

일보 후퇴란 말도 있지 않은가. 느린 듯하지만 타이밍을 적절히 노리는 사람이 바로 충청인이다.

최근 젊은이들의 언어 형태를 보면 말을 줄여서 한다.

갠소(개인소장), 안습(안구에 습기차다), 신상(신상품), 쌩얼(화장 안 한 얼굴), 열공(열심히 공부하다), 별다방(스타벅스), 콩다방(커피빈), 뼈카충(뼈 스카드충전)

IT 시대의 주인공은 뭐든지 빠르고 짧게 줄이는 능력이 있어야 한다. 그렇다면 충청인이 미래 4차 산업혁명의 주역이 될 가능성이 크다.

"이 콩깍지가 깐 콩깍지인가, 안 깐 콩깍지인가?"

이것을 충청인은 이렇게 말한다.

"깐겨, 안 깐겨?"

그리고 이제는 빨리 빨리의 시대를 벗어나서 느리지만 차근차근 다지고 나가는 여유가 필요하다. 느림에서 여유를 배우자. 그리고 여유를 충전하자.

마치는 글

네 이웃을 네 몸과 같이 웃겨라

지식은 머리가 아니라 가슴에 담아야 한다. 마찬가지로 유머가 좋다는 것을 머리가 아닌 가슴으로 느껴야 한다. 그래서 마지막 보너스로 유머를 HUMOR로 풀어서 가슴에 심어주고 싶다. 이대로 실천만 하면 당신도 남을 웃기는 리더가 될 수 있을 것이다.

• H : Ha Ha Ha

일단 당신이 웃어야 한다. '하하하' 웃다 보면 유머가 가슴에 살포시 찾아온다. 자꾸 웃으면 얼굴도 펴지고 회사 사정도 펴진다. 거울을 보라. 찡그린 표정이 무섭지 않은가? 당신도 무서운데 상대방은 오죽 하겠나. 어떤 은행의 경비원이 별로 할 일이 없으니까 손님들에게 인사나 하자고 생각했다. 꼬마를 보며 웃으면서 인사를 했다.

"안녕, 꼬마야." 그런데 아이가 "으앙~ 저 아저씨 얼굴 무서워!" 하며 울음을 터뜨리는 것이 아닌가? 충격을 먹고는 그날부터 거울을 보며 웃는 연습을 했다. 그러자 점점 동네 사람들이 이 경비원을 좋아하기 시작했다. 어떤 할머니는 통장까지 맡기며 돈까지 찾아달라고 했다.

"할머니 비밀번호가 뭔데요?"

"비둘기야."

"비둘기라뇨?"

"구구구구"

나중에는 동네사람들이 건의를 해서 은행의 정식 직원이 되었고, 지금은 마을금고의 이사장이 됐다는 기사를 읽었다. 낙하산과 얼굴은 펴져야 산다.

· U : 유유상종

이제는 유머 있는 사람끼리 모여야 한다. 그러면 웃음소리가 더 커지면서 상종가를 치게 된다. 입만 열면 불평불만에 짜증만 내는 사람을 왜 만나고 있는가. 그러면 당신도 부정적인 사람으로 바뀌게 된다. 만나면 기분 좋은 모임, 공연, 클럽에 자주 가라.

나는 CEO 폭소클럽을 하나 만들까 한다. 와인이나 맥주, 혹은 음료수 한 병씩 들고 노래 대신 각자 조크를 하면서 웃을 수 있는 공간을 마련하고 싶다. 미국에는 3,000개나 되는 코미디 클럽이 있는데, 우리는 거의 없다.

마이크 앞에서 되게 웃기는 소리를 하는 사람들이 있다. 그런데 문제는 자신들이 웃긴다는 걸 자신들이 모른다는 거다. 우린 여기를 국회의

사당이라고 부른다. 이제 웃음을 좋아하는 사람끼리 모여서 신나게 웃어보자. 웃음을 사랑하는 분들의 적극적인 동참을 기대해본다.

· M : 매일매일

유머는 호흡이다. 매일 호흡을 하지만 우리는 그것을 느끼는가? 아니다. 느낀다면 그건 몸에 이상이 있는 것이다. 자연스런 호흡처럼 유머도 매일매일 읽고 외우고 써먹고…. 매일 해야 효과가 좋다. 김연아를 보라. 올림픽의 금메달은 하루아침에 이뤄진 것이 아니다. 매일 매일우유 먹고 매일 연습하고, 그러니까 매번 1등을 하는 것이다. 1만 시간 이상 노력해야 성공한다는 '1만 시간 성공의 법칙' 처럼 유머도 매일매일 연습해야 된다.

· O : 오 예~

항상 긍정적으로 생각하라. 긍정적인 표현을 하라.

옥스퍼드대학의 제임스 머레이 교수는 자신이 개발한 '이혼 공식'을 신혼부부 700쌍에게 적용했다. 신혼부부에게 15분 동안 얘기를 나누도록 한 뒤 이 장면을 녹화했다. 유머나 애정이 담긴 말이 나오면 긍정적인 (+) 점수를, 방어적이거나 분노에 찬 발언이 나오면 부정적인(-) 점수를 매긴 뒤 12년간 관찰했더니 이혼할 것이라고 예측한 부부의 94퍼센트가 진짜 이혼을 했다고 한다. '오 예~' 같은 긍정이 유머이고, 유머가 긍정이다.

· R : 알면 뭐하나, 실천을 해야지

실천을 하라. 유머 관련 서적도 읽고, 짧은 조크라도 외워서 회의 때 사용하고, 문자라도 보내서 친구들에게 웃음을 줘보라. 유머는 리더십을 위한 필수요소다. 리더십Leadership을 이렇게 읽어보라. 리더스 힙 Leader's Hip. 공부는 머리로 하는 것이 아니라 엉덩이로 하는 것이다. 유머가 필요한 건 다 느끼지만, 유머를 내 것으로 만들려면 여러분도 엉덩이 붙이고 유머를 공부하는 것이 중요하다. 유머라고 우습게만 보지 말고, 가까워지려고 노력해보라. 이 책 한 권 읽었다고 유머를 다 배운 것처럼 자만하지 말고 바로 옆사람부터 웃겨보라. <아마존의 눈물>에 등장한 조에족들이 간지럼으로 사람을 웃기는 걸 보며 그들이 우리보다 훨씬 행복한 이유를 알았다. 옆사람을 웃기는 게 바로 행복의 지름길이다.

"네 이웃을 네 몸같이 웃겨라."

_유머의 신

RE 유머가 이긴다